아직은 용서할 수 없는 당신에게

세상에서 가장 힘든 기도, 용서

Don't You Dare Forgive. Unless...: ***Finding What You Most Deeply Wants***
By Fr. Joe Kempf

Twenty-Third Publications/Bayard
977 Hartford Turnpike Unit A
Waterford, CT 06385 USA

아직은 용서할 수 없는 당신에게

세상에서 가장 힘든 기도, 용서

발행일 2025. 12. 19

글쓴이 조 켐프 신부
옮긴이 서영필
펴낸이 강병완

펴낸곳 성바오로
출판등록 7-93호 1992. 10. 6
주소 서울특별시 강북구 오현로7길 20(미아동)

취급처 성바오로보급소 **전화** 944-8300, 986-1361
팩스 986-1365 **통신판매** 945-2972
E-mail bookclub@paolo.net
인터넷 서점 www.paolo.kr

책값은 뒤표지에 있습니다.
ISBN 978-89-8015-963-5
교회인가 서울대교구 2025. 11. 6 **SSP** 1106

아직은 용서할 수 없는 당신에게

조 켐프 신부 글
서영필 옮김

세상에서 가장 힘든 기도,
용서

"Don't you dare forgive. Unless..."
Finding What You Most Deeply Wants

성바오로

자유로 이어지는 문을 향해 걸어 나가면서 내가 깨달은 것은,

이 마음속 비통함과 증오를 그곳에 두고 나오지 않으면

나는 여전히 감옥에 갇혀 살겠구나 하는 것이었습니다.

넬슨 만델라

서문

제 명예를 실추시키고 저를 본당에서 내쫓으려 했던 그 신부가 감옥에 갔을 때, 저는 그가 적어도 더 이상 저와 다른 누구에게도 해를 끼칠 수 없다는 것을 알았습니다. 적어도 한동안은요. 언젠가는 지금처럼 많이 울지 않아도 될 날이 오리라고 생각했습니다. 하지만 슬프게도, 한때 제가 느꼈던 삶의 기쁨을 다시는 느끼지 못할지도 모른다는 두려움이 있었습니다. 그것이 제 마음을 가장 아프게 했습니다. 당시에는 용서를 생각한다는 것조차 말이 되지 않았습니다.

여러 해가 지났습니다. 그 고통의 일부는 언제나 제 삶의 일부로 남아 있을 것입니다. 하지만 이제 그 상처들은 제게 거의 힘을 쓰지 못합니다. 저는 훨씬 더 생기 있고 자유로워졌습니다. 용서가 어떤 역할을 했을까요?

여러분처럼 저도 최선을 다해 제 삶의 길을 걸어가고 있습니다. 물론 저도 상처를 입은 적이 있습니다. 삶이 공평할 거라고 말하는 사람은 아무도 없었습니다. 슬프게도, 저 또한 살면서 다른 사람들에게 상처를 주기도 했습니다.

누구나 다른 사람에 의해 고통을 겪습니다. 때로는 그 상처가 끔찍하기도 합니다. 왜 그렇게 많은 사람이 우리에게 용서가 중요하다고 말하는 걸까요? 용서란 대체 무엇을 의미할까요? 더 자유로워지기 위해 밟아야 할 단계가 있을까요? 그 고통은 정말 나아지기는 할까요?

사목자로서 저는 사람들이 지닌 상처를 자주 봅니다. 동시에 자신의 고통에 대처하기 위해 중요하고 아름다운 방법을 선택하는 사람들을 볼 수 있는 축복을 자주 받습니다. 그런 선함이 펼쳐지는 것을 지켜보는 것은 제 삶의 큰 기쁨입니다.

그래서 저는 몇 가지 이야기와 제안, 그리고 길 위에서 얻은 약간의 생각들을 담아 이 짧은 글을 바칩니다.

분명히 저는 학자가 아닙니다. 저는 사목자입니다. 바로 그 관점에서 저는 이 글을 씁니다. 가족이자 친구로서, 죄인이자 성인으로서, 그리고 여러분과 다르기보다는 훨씬 더 닮은 한 사람으로서 말입니다.

조 신부

차례

부록

하지 마세요, 진심으로

내 마음은 산산조각 났고

머릿속은 그저 간신히 버티는 상태였다.

앤 라모트ANNE LAMOTT

오늘날까지도 저는 왜 그 새로 온 주임 신부가 저에 대해 끊임없이 거짓말을 했는지, 또는 사람들이 저를 미워하기를 바랐는지 알지 못합니다. 또한 그가 왜 저의 집이기도 한 사제관의 자물쇠를 계속 바꿔 제가 점점 더 출입할 수 없게 만들었는지도 설명할 길이 없었습니다. 하지만 아무도 보지 않는다고 생각하며 그가 제 음식에 침을 뱉는 것을 보았을 때, 저는 소임 이동을 요청해야만 한다는 것을 깨달았습니다.

그 생각을 실행에 옮기기도 전에 저는 어느 늦은 밤, 망연자실한 한 신자로부터 전화를 받았습니다. 알고 보니, 그 신부가 작은 친교 모임에서 열세 살 소년의 바지 속으로 손을 집어넣었던 것입니다.

일주일 안에 교구장 대주교는 그 신부를 본당에서

내보냈고, 조사 기간 동안에는 아무 말도 하지 말라고 제게 요청했습니다. 그 주말, 그 신부는 모든 미사에서 자신이 본당을 떠날 것이라고 알렸습니다. 본당 내 자신의 측근들에게는 저 때문에 떠나는 것이라고 비난했습니다. 미사 시간 사이에 몇몇 사람들이 제게 와 "그 불쌍한 분에게 무슨 짓을 한 거냐?"라며 소리를 질렀습니다.

주일 마지막 미사가 끝난 후, 저는 성당 문을 닫고 지친 몸으로 사제관 문을 열고 들어왔습니다. 한동안 저는 그저 문에 등을 기댄 채 서서 몸의 떨림을 멈추려 애썼습니다.

제가 얼마나 오랫동안 그렇게 서 있었을까요? 초인종 소리에 깜짝 놀랐고, 문을 열어야 할지 망설였습니다. 문을 열자, 한 여인이 서 있었고, 그녀는 제게 아들의 얼굴에 상처 자국이 난 사진을 보여 주었습니다. 그녀는 아이가 미사 복사를 서는 동안 그 신부에게 맞아 생긴 상처라고 말했습니다. 그러고 나서 초인종이 다시 울렸고, 이번에는 그 신부가 자기 아이에게 입힌 상처 때문에 화가 난 한 남성이었습니다. 저요? 저는 그저 울고 싶을 뿐이었습니다. 누군가 제게 "그냥 용서하셔야지요."라고 말하기 전까지는요. 바로 그 순간 저는 비명을 지르고 싶었습니다.

아니요, 저는 그냥 용서하면 되는 게 아니었습니다. 그게 대체 무슨 의미일까요? 왜 누군가는 바로 그 순간에 그런 말을 하는 것이 좋다고 생각했을까요? 그 순간, 제가 용서해야 한다는 그 제안이 또 다른 폭력처럼 느껴졌습니다. 실제로도 그 말은 폭력입니다.

자신이 얼마나 부당한 일을 당했는지 아무도 말해 줄 필요가 없습니다. 어쩌면 사소한 일인데도 여전히 당신을 갉아먹고 있을지도 모릅니다. 혹은 그 잘못들이 끔찍했을 수도 있습니다. 어쩌면 그 사람의 이름만 들어도 속이 울렁거릴지 모릅니다. 어쩌면 분노 때문에 한밤중에 잠에서 깰지도 모릅니다.

여러분이나 저는 얼마나 여러 번 그 대화를 되감고 그 장면을 다시 겪고 있나요? 종종 우리 중 많은 사람은 그 상황에 다르게 대처하지 못한 자신에게 화를 냅니다. 우리는 어떤 부분이 자신의 잘못이었을까 자문합니다. 어떤 사람은 문을 열 때마다, 다가오는 휴일마다, 혹은 숨을 쉴 때마다 다시 그 상처에 직면합니다.

우리 안에는 잊고 싶지 않은 것들이 종종 있습니다. 혹은 잊으려 애써도, 그 고통의 기억을 내면 가장 깊은 곳으로 밀어 넣는다 해도, 보통 우리 안의 어떤 부분은 여전히 그 존재를 알고 있습니다. 그런 잘못들이 우리의 핵심적인 상처를 건드리기 때문입니다.

종종 우리 몸도 그 상처의 영향을 받습니다. 트라우마와 분노는 알게 모르게 우리 건강에 부정적인 영향을 끼치고 그러한 결과를 보여 주는 자료들도 있습니다.

우리는 모든 고통과 상처를 어떻게 해야 할까요? 어쩌면 무엇을 하지 말아야 하는지를 말하는 것이 더 쉬울 겁니다. 가장 먼저 해야 할 일은, 화가 났을 때 화나지 않았다고 스스로에게 말하는 것을 피하는 것입니다. 이 통찰에는 지혜가 담겨 있습니다. "우리가 외면하는 것이 결국 우리를 지배하게 될 것이다."

한 친구가 제게 이런 말을 한 적이 있습니다. "나는 삼촌을 증오했어. 그는 성추행범이었지. 할머니가 그를 멀리하라 하셨지만, 상처는 이미 남았지. 한번은 내가 나 자신에게 이렇게 말하는 걸 들었어. '기차가 그를 쳐서 멀리멀리 끌고 가도 나는 신경 쓰지 않을 거야. 어쩌면 환호할지도 몰라.' 그러자 누군가는 내게 용서하려고 노력할 필요가 있다고 말하더군."

그 친구에게 제가 해 주고 싶었던 말은 이거예요. "그래, 언젠가는. 하지만 지금은 아닐 거야."

저도 친구가 용서에서 오는 자유와 치유를 알게 되길 바라기는 하지만, 종종 사람들은 그것이 무엇을 의미하는지 성의 없이 말할 때가 많은 것 같습니다.

하지 않는 한 말이죠

저는 몇몇 사람들과 다투긴 했지만,

절대 원한을 품지는 않아요.

왜 그런지 아세요?

당신이 원한을 품고 있는 동안,

그 사람들은 나가서 춤을 추고 있거든요.

버디 해킷BUDDY HACKETT

예수님은 놀라운 이야기들을 들려주셨습니다. 그분의 잘 알려진 이야기 중 하나는 이렇게 시작합니다.

> 어떤 사람에게 아들이 둘 있었다. 그런데 작은아들이, '아버지, 재산 가운데에서 저에게 돌아올 몫을 주십시오.' 하고 아버지에게 말하였다. 그래서 아버지는 아들들에게 가산을 나누어 주었다. 며칠 뒤에 작은아들은 자기 것을 모두 챙겨서 먼 고장으로 떠났다. 그러고 나서 그곳에서 방종한 생활을 하며 자기 재산을 허비하였다.

이 이야기를 모른다면 한번 읽어 볼 가치가 있습니다. 흔히 '되찾은 아들의 비유'라고 불리며 루카 복음서 중간(15,11-32)에 나옵니다. 두 부분으로 된 이 이야기에서 예수님은 마음에 대한 가장 명확한 통찰을 우리에게 보여 주십니다.

예수님은 우리가 상상했던 것보다 훨씬 더 멋진 하느님, 참으로 무조건적인 용서와 아낌없는 사랑의 하느님을 만나도록 우리를 초대합니다. 저는 오래전부터 하느님에 관한 이야기를 단 하나만 알아야 한다면 이 이야기만으로 충분하다고 생각해 왔습니다.

예수님은 한 가지를 매우 분명히 하십니다. 우리에게는 하느님이 우리를 사랑하시는 것을 멈추게 할 힘이 없습니다. 우리가 아무리 심하게 망가져도 하느님은 언제나 당신 집으로 우리를 초대하시고 사랑의 팔을 펼쳐 다시 당신 품에 맞아들일 준비를 하고 기다리십니다. 이분이 바로 예수님의 하느님이십니다.

이 놀라운 아버지의 사랑 이야기에 이어, 예수님은 극적으로 우리의 시선을 큰아들에게로 돌립니다. 되찾은 아들의 이야기에서 작은아들이 길을 잃었다는 것은 꽤 명백합니다. 그런데 이와 마찬가지로 분노에 찬 큰아들 또한 길을 잃었다는 것입니다.

아버지는 큰아들 또한 똑같이 사랑하기에 그도 함께 집으로 초대해 동생에 대한 상처와 분노를 넘어서 달라고 부탁합니다. 이분 또한 예수님의 하느님이십니다.

많은 성서학자들이 용서를 복음의 핵심이자 예수님 메시지의 가장 분명한 요약이라고 말합니다. 우리는 예수님이 용서하시는 것을 보고, 우리도 그렇게 하라는 그분의 우렁찬 외침을 듣습니다.

왜 예수님께 용서가 그토록 중요할까요? 단순합니다. 예수님은 우리를 너무나 사랑하셔서 우리가 자유롭기를 원하십니다! 예수님은, 기쁨으로 가득 찬 삶을 원한다면 쉽게 내딛을 수 없는 길을 선택하여 용서라는 힘든 일을 해내야 한다는 것을 아십니다.

그런데 그것을 해내지 못하면 어떻게 될까요?

몇 해 전에 제가 아는 한 남성이 딸을 잃고 땅에 묻었습니다. 딸은 음주 운전자가 차선을 침범하여 들이받는 바람에 목숨을 잃었습니다. 장례식이 끝나고 몇

주 후, 저는 그와 누군가의 무책임한 행동 때문에 딸을 잃고 삶을 살아가는 것이 어떤 기분인지 이야기를 나눴습니다.

음식은 톱밥처럼 느껴지고 가족들은 슬픔 속에서 힘들어 하고 있는데, 세상은 아무 일도 없다는 듯이 잘 돌아가는 것을 보면 그가 얼마나 외로운 기분이 드는지 이야기했습니다. 어느 순간 그는 "이 모든 게 꿈만 같고 딸이 없는 앞으로의 삶은 상상이 안 됩니다."라고 말했습니다. 한동안 고개를 숙이고 있던 그가 무슨 생각을 하는지 저는 알 수 없었습니다. 그러다 그가 고개를 들어 저를 쳐다보며 말했습니다. "분노를 느끼지만, 증오하지는 않을 겁니다." 그리고 이어서 말했습니다. "제 마음에 증오를 품는다면 그 무의미한 폭력 행위가 또 다른 희생자를 낳는 셈이니까요."

"제 마음에 증오를 품는다면 그 무의미한 폭력 행위가 또 다른 희생자를 낳는 셈이니까요." 이 마음이 부서진 아버지는 심오한 진리를 알고 있습니다. 용서하지 않는 데에는 대가가 따릅니다. 용서하지 않은 마음속에서 들끓는 분노는 의식적으로 무의식적으로 우리에게 엄청난 해를 끼칩니다.

예수님은 우리가 부당한 일을 겪었다는 것을 아십니다. 우리는 모두 크든 작든 불공평한 대우를 받거나 이용당하거나, 불의로 인해 상처를 받은 경험이 있습니다. 그 부당한 일을 어떻게 처리할 것인지, 그 선택이 우리가 어떤 사람이 되고 어떤 삶을 살게 될지에 깊은 영향을 미칠 것입니다.

간단히 말해서, 기쁨으로 가득하고 의미 있는 삶을 원하는 사람들에게 용서는 선택 사항이 아닙니다. 용서는 우리 영혼에 필수적이며, 진정으로 거룩하고 행복한 삶의 핵심입니다. 흔히 용서하지 않는 것은 쥐약을 마시고 나서 쥐가 죽기를 기다리는 것과 같다고 표현합니다. 쥐는 멀쩡하지만, 우리는 그렇지 못하지요. 우리 안의 어딘가가 죽어 갑니다.

우리는 복수하려 들거나 감정을 억누르거나 원망할 수도 있지만, 오직 용서만이 우리를 기쁨의 삶으로 이끌어 줍니다.

예수님은 당신의 삶을 통해, 심지어 죽음의 순간에도 용서가 생명으로 가는 길임을 선포하셨습니다. 우리를 사랑했고 우리보다 먼저 세상을 떠난 모든 거룩한 이들 또한 용서의 길을 걷는 것이야말로 가치 있는 일이라고 우리에게 말해 줄 것입니다.

우리가 용서할 때 그것은 우리가 지는 것이 아니기 때문입니다. 오히려 그것은 우리 자신을 자유롭게 하는 것입니다.

용서가 아닌 것들

희망에게는 아름다운 두 딸이 있으니,

그 이름은 분노와 용기다.

현실에 대한 분노와, 그 현실이 그대로 머물지

않도록 하려는 용기다.

성 아우구스티노

최근 우리 본당 신자분의 딸이 쇼핑하던 중 총에 맞아 사망했습니다. 며칠 뒤 경찰이 범인을 붙잡았고 그 신자분은 자신이 얼마나 안도했는지 모른다고 저에게 이야기했습니다. 겸손하고 선한 그분은 이렇게 말했습니다. "솔직히 조 신부님, 저는 그가 감옥에서 절대 나오지 않기를 바랍니다. 그가 출소하면 틀림없이 제 아들들이 그를 죽이고 싶어 할 테니까요. 그러면 저는 아들들마저 잃게 되겠죠." 그리고 덧붙였습니다. "저는 아들들이 그를 용서하리라고 기대하지는 않습니다. 그 대신에 저는 그들이 보다 긍정적인 무언가로 나아갈 수 있도록 곁에서 돕고 있습니다."

"저는 그들이 그를 용서하리라고 기대하지 않지만, 보다 긍정적인 방향으로 나아가도록 곁에서 돕고 있어요." 바로 이것이 용서입니다.

저는 용서 대신에 다른 단어가 있었으면 좋겠습니다. 안타깝게도 이 단어는 너무나 많은 오해로 가득 차 많은 사람들에게 걸림돌이 되고 있습니다. '보다 긍정적인 무언가로 나아가는'이라는 표현이 다듬어지지는 않았지만, 용서가 담고 있는 핵심 에너지를 잘 설명해 줍니다.

너무나 많은 사람들이 용서가 아무 잘못도 없었던 것처럼 행동하는 것이라고 오해를 하고 있습니다. 그들은 용서가 곧 상대방의 행동을 정당화하거나 괜찮았다고 말하는 것처럼 여겨질까 봐 두려워합니다. 아닙니다. 용서가 그런 의미라면 당연히 우리는 용서하지 않을 겁니다! 설령 정상 참작의 여지가 있다 해도, 용서는 나 또는 다른 사람에게 행해진 잘못을 용납한다는 의미가 아닙니다.

용서에 대한 또 다른 오해는, 반복적으로 부당한 일을 당할 상황에 내가 계속 머물러야 한다는 두려움입니다. 아닙니다! 우리는 학대 환경에서 살도록 만들어진 존재가 아닙니다. 때로는 가해자들이 예수님의 용서에 대한 가르침을 이용해 약한 사람들을 자신들의 권력 아래 머무르게 하는 수단으로 삼기도 하는데, 아닙니다! 많은 경우에 참된 용서는 누군가로부터 거리를 두는 것을 의미하기도 합니다.

복수가 우리 삶에 도움이 될 것이라는 생각도 착각입니다. 복수는 거짓된 빛이며, 그 안에는 생명이 없습니다. 사형 제도는 복수심에 대한 우리의 욕망을 보여 주는 극단적인 예입니다. 사형이 범죄 억제의 수단이 되지 못한다는 것은 여러 차례 입증되었습니다. 오히려 그것은 사람들이 자신에게 가해진 잘못에 대해 일종의 만족감을 얻으려는 방법처럼 보입니다. 하지만 사형은 그런 역할조차 하지 못하는 것 같습니다. 사랑하는 이를 죽인 사람의 사형 집행을 지켜본 사람들의 반응은 대개 '충분하지 않았다'였습니다. 살인자의 죽음이 그들의 상처를 해소해 주지는 못한 것입니다. 복수를 추구할 때 우리 내면의 무언가가 죽어 갑니다. 용서는 복수하려는 욕망을 기꺼이 포기하려는 노력을 포함합니다.

저와 함께 살았던 그 신부가 감옥에 간 지 1년쯤 지났을 때, 저는 제 안에 있는 모든 것을 화해의 성사로 가져가기로 결심했습니다. 이 성사는 우리의 죄와 부서진 마음을 가져갈 수 있는 치유의 장소가 될 수 있으며, 저는 이 모든 일에서 저의 잘못된 부분을 무엇이든 가져가서 제게 필요한 치유를 청하고 싶었습니다.

제가 신부님에게 "제 분노에 담긴 죄스러운 부분에 대해서는 죄송합니다."라고 말씀드렸을 때 저는 바로 "하지만 그 분노의 대부분에 대해서는 죄송하지 않습니다."라고 덧붙이는 제 목소리를 들었습니다. 그럴 필요가 없었습니다. 그 남자에게 맞서서 해야 할 일을 할 수 있었던 것은 바로 일부는 제 분노 덕분이었고, 그렇게 함으로써 피해를 최소화할 수 있었습니다. 그가 한 짓은 괜찮은 일이 아니었습니다.

우리 안에 있는 힘

나는 나에게 일어난 일이 아니다.

나는 내가 되기로 선택한 나이다.

카를 융

한 노신사가 엽서 한 장을 손에 들고 우체국 한쪽에서 무언가를 쓰고 있는 다른 사람에게 다가가 말합니다. "젊은이, 이 엽서에 주소 좀 써 줄 수 있겠소?" 젊은이는 기꺼이 그렇게 했고, 또 짧은 메시지를 쓰고 서명해 달라는 노인의 부탁에도 응합니다. 마지막으로 젊은이가 "뭐 더 도와드릴 일이 있을까요?"라고 묻자, 노인이 잠시 생각하더니 말합니다. "그래요, 마지막에 '추신, 악필인 걸 양해해 주세요.'라고 써 줄 수 있겠어요?"

우리 중에 어떤 사람은 왜 다른 사람보다 더 감사하며 살아갈까요? 어떤 사람은 왜 더 큰 기쁨을 안고 살아갈까요? 그 답은 우리가 얼마나 많은 것을 가졌는지, 혹은 얼마나 고통을 겪었었는지 아니면 겪지 않았는지에 있지 않습니다. 그것은 온전히 우리가 어디에

초점을 맞추고 사느냐에 달려 있습니다.

연구에 따르면 행복은 단 10퍼센트만 환경에 달려 있다고 합니다. 그리고 사람마다 타고난 기본 기질이 일정 부분 영향을 미치지만, 행복의 대부분은 태도와 관련이 있습니다.

삶의 어려움을 부정하려는 것은 아닙니다. 우리가 선택할 수 있다는 사실을 상기시키고자 하는 것입니다. 사람들은 분명히 우리에게 고통을 줄 수 있습니다. 사람들은 우리와 우리가 사랑하는 사람들에게 해를 끼칠 수 있습니다. 그러나 그들이 할 수 없는 것이 있습니다. 아무도 우리의 존엄성을 빼앗을 수 없고, 아무도 우리의 기쁨을 앗아갈 수 없습니다. 우리가 그것을 포기하기로 선택할 수는 있지만, 아무도 우리에게서 그것들을 빼앗아 갈 수는 없습니다.

우리 안에는 다른 사람이 우리를 어떻게 대하든 약해지지 않는 힘과 선함이 존재합니다. 우리는 분명 상처보다 더 큰 존재입니다.

예수님은 삶이 쉬울 것이라고 약속한 적이 없습니

다. 삶은 힘듭니다. 하지만 좋은 일과 나쁜 일은 서로 상쇄하지 않습니다. 흔히 삶은 '이것 아니면 저것'이 아니라, '둘 다'라고들 말하는데, 맞는 말입니다. 그리고 삶의 여정에서 주어진 축복들을 의식적으로 바라보기로 선택할 때 우리는 현명해집니다.

고통스러운 삶의 순간에도 감사할 만한 것를 찾으면 찾을수록 더 많은 감사할 거리를 발견할 것입니다. 그것이 거기에 있기 때문입니다. 그리고 그렇게 하면 할수록 우리는 진정한 자유를 얻는 데 필요한 것들을 더 많이 이끌어 낼 수 있을 것입니다. 저는 하루 중 잠시 시간을 내어 감사를 드리는데, 그것은 무엇보다 저를 자유롭게 하고 치유해 줍니다.

우리 마음속에 감사의 자리를 마련해 가꿔 보면 좋지 않을까요? 이런 말이 있습니다. "정말 행복해지고 싶다고 마음먹으면 아무도 당신을 막을 수 없다."

입발림 소리 같겠지만 들어 주세요. 사람들이 우리에게 주는 상처는 파괴적입니다. 용서에 이르는 길은 대단히 어려울 수 있습니다. 그러나 용서는 진정으로 그럴 만한 가치가 있습니다. 예수님의 삶과 죽음, 그리고 부활이 주는 약속은 크게 시야를 넓혀 볼 때 기뻐하지 않을 이유보다 기뻐할 이유가 항상 더 많다는 것입니다.

제 동생도 사제입니다. (저희 집은 창의력이 별로 없습니다.) 동생이 '십자가의 길' 기도 중에 목격했던 한 장면을 이야기해 주었습니다. '십자가의 길'은 예수님께서 십자가 위에서 부당한 죽음을 맞으시기까지의 여정을 기억하는 신심 행위입니다. 그날은 중학교 2학년 학생들이 각 처의 내용을 재현하는 '살아 있는 십자가의 길'을 공연하고 있었는데, 각 처의 한 요소를 선택해 이야기가 선포되는 동안 그 자세로 '얼음'처럼 멈춰 있는 것이었습니다. 그 모습을 보고 1학년 담임 선생님이 크게 감동했습니다. 제13처의 성모님께서 아들의 시신을 안고 계신 장면에서 선생님은 눈물을 흘리기 시작했습니다. 바로 옆에 있던 1학년 학생이 선생님의 눈물을 보았습니다. 아이는 두 손으로 선생님의 팔을 감싸안고는 잠시 머리를 기댔습니다. 조금 후 아이가 선생님을 바라보며 말했습니다. "선생님, 제가 도움이 될 만한 말을 해도 될까요?" 선생님은 "그럼, 물론이지."라고 대답했습니다. 그러자 아이는 선생님을 바라보며 말했습니다. "예수님은 죽은 채로 계시지 않았어요."

예수님은 죽은 채로 계시지 않았어요. 어린아이의 입에서 나온, 우리를 위한 심오한 진리입니다. 예수님께서 죽음의 손아귀에 머물지 않으셨다는 것은, 무덤이 그분의 단 하나뿐인 생명을 붙잡을 수 없었고 잡으려고 하지도 않았다는 것은 무덤이 우리의 생명 또한 붙잡지 못할 것이라는 것을 예수님께서 보여 주시는 것입니다. 아무리 상처받고 부당한 대우를 받더라도 우리는 죽은 채로 머물러 있지 않아도 됩니다.

비참 혹은 보다 나은?

내가 놓아 버린 모든 것에는

손톱자국이 남아 있다.

데이비드 포스터 월리스DAVID FOSTER WALLACE

제 친구는 어렸을 때 아버지에게 구타를 당했었습니다. 그 일이 주로 밤에 일어났기 때문에 성인이 된 후에도 제 친구는 잠드는 데 어려움을 겪었습니다. 그녀는 용서해야 한다는 예수님의 말씀을 잘 알고 있었습니다. 선량하고 정직한 그녀는 그렇게 하고 싶어 했습니다. 하지만 그녀는 자신의 상황에서 용서가 어떤 모습일지, 혹은 자신이 과연 용서할 수 있을지 고심했습니다. 누군가 그녀에게 말했습니다. "그를 용서하고 싶어 하는 당신의 바람만으로도 지금은 충분해요. 하느님은 기꺼이 용서하려는 당신의 그 마음을 귀하게 여기실 거예요." 그 말 한마디가 불가능하게만 느껴지던 짐을 덜어주었고, 그녀에게 평화와 자유를 안겨 주어 언젠가는 치유가 찾아올 것이라는 믿음을 갖게 되었습니다.

어떻게 하면 용서할 수 있을까요? 첫걸음은 제 친구가 그랬듯이 용서하려는 간절한 마음을 갖는 것입니다. 그 자체가 모든 것을 바꾸는 힘이 됩니다. 아무도 혼자서 모든 것을 해낼 수는 없으며, 그럴 필요도 없습니다. 제 친구가 마음을 열고 기꺼이 용서하려는 의지를 갖자 하느님께서 그녀에게 필요한 치유를 가져다주실 수 있었던 것입니다.

용서와 관련해 놀라운 공개적인 사례들이 있습니다. 언론인 테리 앤더슨은 베이루트에서 취재 활동을 하던 중 길거리에서 납치되어, 레바논에서 6년 반 이상 인질로 잡혀 있었습니다. 그 기간 동안 그는 대부분 눈이 가려지고 쇠사슬에 묶여 있었습니다. 그는 자신을 박해한 사람들을 공개적으로 용서하면서 이렇게 말했습니다. “제가 그리스도인으로 살아가려면 용서해야만 합니다. 그것은 하나의 과정이지요. 평생 그렇게 할 수 있기를 희망합니다.” 수년간 부당하게 투옥되었다가 석방된 넬슨 만델라는 복수를 꾀하거나 증오에 사로잡히는 대신에 자신을 가두었던 사람들과 마주 앉아 치유와 화해의 과정을 시작했습니다. 성 요한 바오로 2세 교황은 자신을 암살하려 했던 사람을 위해 모두 기도해 달라고 요청했습니다. 훗날 교황은 감옥으로 직접 그 암살 미수범을 찾아가 얼굴을 마주하고 용서를 건넸습니다. 물론 십자가에 매달려 고통을 겪으시면서도 자신을 그곳에 몰아넣은 이들을 용서하신 예수님보다 더 놀라운 사례는 없습니다.

어떻게 그렇게 할 수 있었을까요? 무엇이 그처럼 용서를 가능하게 할까요? 도대체 그들은 어떻게 용서하는 걸까요?

그것은 우리가 평범한 일상을 어떻게 사는지와 밀접하게 관련되어 있습니다. 우리가 겪은 부당한 대우는 우리를 선택의 기로에 서게 합니다. 우리는 비참함에 빠질 것인가, 아니면 더 나은 사람이 될 것인가? 영성은 바로 그 비참함에서 벗어나 더 나은 사람으로 나아갈 수 있게 해 주는 힘으로 묘사되어 왔습니다.

감정과 그에 뒤따르는 행동 사이에는 항상 '순간'이 존재합니다. 나중에 후회하게 될 무의식적인 반응을 피하려면 어떻게 반응하고 싶은지 미리 생각해 두고, 어떻게 존재하고 싶은지 의식하고 정해 두는 것이 좋습니다.

내면의 공간을 가꾸어 그 '순간'이 닥쳤을 때 조금 더 마음을 열 수 있도록 돕는 습관들을 평소에 기르는 것이 중요합니다. 진실되게 살면서 균형 잡힌 시각을 유지하며 감사를 실천하려 애쓰고, 우리 내면의 공간, 즉 자기 자신인 동시에 자기를 넘어설 수 있는 존재가 되는 마음속 그곳으로부터 친절하기를 선택하고 내 삶이 나만을 위한 것이 아님을 이해하는 것은 모두 용서가 필요할 때 그것을 실행할 준비를 갖추도록 도와줍니다. 그리고 용서는 거의 언제나 필요합니다.

부족마다 표현은 조금씩 다르지만, 아메리카 원주민 속담에 "사람의 내면에는 독수리와 뱀이 살고 있다. 우리는 우리가 먹이를 더 많이 주는 쪽이 된다." 용서의 실천은 우리 안에 있는 가장 좋은 것을 길러 주어 우리를 자유롭게 합니다.

보다 사랑이 넘치는 인간이 되는 것은 평생에 걸

친 과업입니다. 뒷걸음질할 때도 있고 조금 앞으로 나아갈 때도 있는가 하면 결과가 엄청 극적일 때도 있습니다.

용서도 마찬가지입니다.

남아프리카공화국의 끔찍했던 아파르트헤이트(apartheid, 인종 차별 정책) 시절이 끝난 후, 넬슨 만델라 정부가 설립한 진실과 화해 위원회는 국가적 치유를 촉진하는 일을 시작했습니다. 용서와 화해에 대한 놀라운 이야기들이 나오기 시작했습니다.

그중에 하나는 바로 자기 코앞에서 열여덟 살 난 아들에게 총을 쏜 경찰관과 마주친 여성의 이야기입니다. 그 경찰관은 또한 나중에 다시 와서 남편을 산 채로 불태우고 그녀가 그것을 지켜보게 한 무리의 우두머리가 자신이었다고 시인했습니다. 그녀는 남편의 마지막 말이 "저들을 용서해."였다고 말했습니다.

판결을 내릴 시간이 되자, 위원회는 그 여성에게 무엇을 원하냐고 물었습니다. 그녀는 세 가지를 원한다고 답했습니다. 첫째는 남편이 불태워진 장소로 데려가

달라는 요청으로, 유해를 수습해 장례를 제대로 치르기 위해서였습니다.

둘째로 그녀에게는 남편과 아들이 유일한 가족이었으므로, 한 달에 두 번 그 경찰관이 그녀가 사는 빈곤한 흑인 동네로 찾아와 그녀를 어머니처럼 대해 달라고 했습니다.

'셋째' 그녀가 말했습니다. "저는 이 사람이 하느님께 용서받았고, 저 또한 그를 용서한 사실을 알기 바랍니다. 이제 저는 그를 꼭 껴안아 용서가 실제로 존재함을 알게 해 주고 싶습니다." 그러고 나서 그녀가 법정을 가로질러 그에게 다가가자, 그 경찰관은 감당할 수 없는 감정에 휩싸여 정신을 잃고 쓰러졌습니다. 누군가 '어메이징 그레이스'를 선창했고, 점차 모든 사람들이 함께 노래했습니다.

용서하는 일은 우리 내면의 공간, 즉 우리 자신인 동시에 자기를 초월할 수 있는 마음속 그곳에 달려 있습니다. 그곳에는 우리가 홀로 해야 하는 일도 있고 혼자 힘만으로는 할 수 없는 일도 있습니다. 우리 마음속 그곳은 실로 놀라운 은총입니다.

용서를 향해 비틀비틀 걸어가는 중

인간에게서 모든 것을 빼앗을 수 있어도
단 한 가지, 어떤 상황에서도 자신의 태도를
선택할 마지막 인간의 자유만은
빼앗아 갈 수 없다.

빅터 프랭클VICTOR FRANKL

한번은 동료와 제가 자원봉사자 한 분을 만나, 그가 업무상 기밀 유지를 못하기 때문에 본당에서 다른 역할을 찾아 보는 게 좋을 것 같다고 말해야 했습니다. 정중한 태도로 뜻을 전달하기 위해 동료와 저는 미리 대화를 연습까지 했습니다. 하지만 그의 반응은 저를 미워하면서 제 삶을 비참하게 만들고 싶어 했습니다. 그는 저와 제 평판을 망치기 위해 공개적으로 많은 노력을 기울이는 듯했습니다. 거의 1년 동안 그러던 그가 갑자기 행동을 멈췄습니다. 그러고 나서 아무 일도 없었다는 듯이 저와 친구가 되고 싶다고 했습니다. 헉! 뭐, 이런 말도 안 되는….

제 분노는 정당했습니다. 그 남자는 많은 피해를 끼쳤습니다. 그러나 저는 분노에 잠식되고 싶지 않았고, 그가 제 머릿속에 '월세도 내지 않고' 살게 하고 싶지 않았습니다. 하지만 좀처럼 감정은 떨쳐지지 않았습니다. 동료가 이렇게 말했습니다. "네가 그 분노를 통제할 힘이 없다는 걸 인정해야 해."

저는 12단계 프로그램을 시행해 본 적은 없지만, 그 중요한 영적 과정의 핵심 요소 하나가 바로 자기 혼자 힘으로는 할 수 없음을 인정하고 하느님께 내맡기는 것이라는 점은 알고 있었습니다.

그래서 그 남자와 제 안의 분노가 저를 지배하는 힘을 줄이기 위해서 저는 용서의 과정을 시작했습니다. 우선 그가 제게 상처를 입힌 모든 방식을 문서로 작성해서 어딘가에 전부 기록되어 있다는 사실을 알 수 있게 했습니다. 때때로 저는 그 문서를 열어 더 많은 일을 추가하거나 이미 쓴 내용을 다듬곤 했습니다. 제가 머릿속으로 상처들을 계속 되새기는 것은 일종의 무의식적인 방어 기제처럼 보였습니다. 그래서 그 모든 것을 다른 곳에 안전하게 적어 두는 것이 도움이 되었습니다.

그런 다음에 저는 하느님께 편지를 썼습니다. 제가 느낀 고통을 꺼내 놓으며 필요한 도움을 청했고, 최선을 다해 그 모든 것을 하느님께 맡겨 드렸습니다. 그리고 그 편지를 불에 태웠습니다. 편지가 불타 없어지는 동안, 저는 모든 것을 용서 자체이신 분의 손에 온전히 내려놓기 위해 최선을 다하며 기도했습니다.

그것은 제게 엄청난 도움이 되었습니다, 딱 7분 동안! 그러고 나서 다른 일이 생각났고 다시금 분노가 치밀어 올랐습니다. 그래서 저는 하느님께 돌아서서 말했습니다. "보세요, 하느님. 저 혼자서는 할 수가 없습니다. 당신이 저를 도와주셔야 합니다. 다시 이것을 당신께 맡깁니다." 다시 화가 나기 전까지 11분 동안 그것은 큰 도움이 되었습니다.

그렇게 저는 다시 또다시 그것을 하느님께 내맡기고 도움을 청했고, 하고, 또 하고, 또 했습니다. 마침내 그것이 더 이상 저에게 아무런 영향을 미치지 못하게 될 때까지 말입니다. 그렇게 몇 달 혹은 몇 년을 계속했는지 기억나지 않지만, 어느 날 문득 이런 생각을 하는 저를 발견했습니다. "나는 그 친구와 기꺼이 팔짱을 끼고 천국으로 걸어 들어갈 수 있겠다." 그는 더 이상 저를 지배할 힘이 없었습니다! 주말 저녁에 시간이 나면 그 사람과 한잔하러 가겠다는 것도 아니고, 가고 싶지도 않을 것입니다. 하느님께서 저를 자유롭게 해 주신 것입니다.

요약하면, 용서의 3단계는 다음과 같습니다.

1. 의지를 발휘하여 그것(용서)을 선택한다.
2. 그것(용서)을 하느님께 내맡긴다.
3. 1단계와 2단계를 몇 번이고 되풀이한다.

예수님께서 베드로에게 일곱 번을 일흔 번까지라도 용서해야 한다고 말씀하신 것(마태 18,21-22)은 그만큼 많은 잘못들을 용서하라는 뜻이 아니라, 우리가 종종 같은 잘못에 대해 몇 번이고 반복해서 분노를 느끼기 때문일지도 모릅니다!

용서는 단 한 번의 행위나 결정이 아닙니다. '한

번으로 끝나는' 일도 아닙니다. 또한 용서라는 중대한 여정은 직선으로 나아가는 과정도 아닙니다. 우리는 시작했다 멈추고, 비틀거리고 허둥대며, 우리 각자의 불완전한 방식 안에서 최선을 다할 뿐입니다.

삼촌에게 학대를 당했던 제 친구는 이렇게 표현했습니다. "사람들은 늘 우리에게 상처를 줘. 직장에서 괴롭히거나 배우자를 빼앗거나 아이를 죽이는 것 같은 정말 큰일들 말이야. 어떻게 하면 피에 굶주린 증오에서 벗어나, 하느님께 그들을 축복해 주시고 나를 변화시켜 달라고 청하는 데까지 나아갈 수 있을까? 세상에서 가장 힘든 기도야."

그래서, 도대체 어떻게?

너는 네가 자신하는 것보다 더 용감하고,
너 스스로 느끼는 것보다 더 강하단다.
그리고 너는 네 생각보다 더 똑똑해.

곰돌이 푸

한 신자분이 자신의 선택들이 사랑하는 사람들에게 끼친 피해를 한탄하며 말했습니다. "삶이 공책과 같아서 그 페이지들을 뜯어내 아예 없었던 일로 만들 수 있다면 얼마나 좋을까요." 그리고 이렇게 덧붙였습니다. "사랑하는 사람들의 눈을 바라보며 미안하다고 말하는 것은 정말 가슴이 아픕니다. 바로잡으려고 노력해야 하는데, 그게 정말 지독하게 힘드네요." 그는 12단계 프로그램의 9단계를 실천하고 있었고, 화해하려고 사람들을 만날 때마다 함께 눈물을 흘렸습니다. 그의 사과를 받은 대부분의 사람들도 마찬가지였습니다.

우리가 다른 사람들에게 준 고통의 페이지를 '뜯어내 없앨' 수 없듯이, 마음속 고통 또한 그냥 '뜯어내 없앨' 수 없습니다.

하지만 우리가 취할 수 있는 단계들이 있습니다. 할 수 있는 일들이 있습니다. 우리는 모두 너무나 다르기 때문에 도움이 되는 방법도 사람마다 다릅니다.

제 경우에는, 먼저 제가 느끼는 복합적인 감정들을 마주해야 했습니다. 스스로를 비난하지 않으면서 인식하는 것은 언제나 자유를 향해 성장하는 핵심 단계입니다.

모든 사람이 그렇지는 않겠지만, 저는 할 수 있는 말을 전부 다 쏟아 낸 후에야 분노를 내려놓기가 훨씬 쉬웠습니다(물론 상대방이 싹싹 빌면 좋겠지만, 불행히도 그런 일은 보통 일어나지 않죠). 상처를 준 사람에게 직접 말하는 것이 항상 가능하거나 바람직한 것도 아닙니다. 하지만 그렇게 하는 것이 도움이 될 것 같으면 저는 할 말을 열심히 준비합니다. 제 목적은 그 사람에게 창피를 주는 것이 아니라, 저 자신을 솔직하게 드러내고 대화를 통해 하느님께서 그 사람들 혹은 제게 들려 주실 말씀이 있는지 알아보는 것입니다.

저는 자주 스스로에게 되뇝니다. 제가 소중히 여

기는 가치들, 신앙 전통의 지혜, 수년간 수많은 선하고 신실한 사람들을 통해 배운 통찰을 떠올립니다. 큰 틀에서 보면, 기뻐하지 않을 이유보다 기뻐할 이유가 항상 더 많다는 것이 저의 근본적인 믿음입니다.

상대방이 단지 성가신 정도라면 가끔 이렇게 묻습니다. "하느님, 저 사람을 사랑하시죠, 그렇죠?" 지금까지 하느님의 대답은 항상 "그렇다."였습니다.

그런데 단순한 성가심을 넘어 심각할 때 저는 보통 제가 얼마나 많이 용서받았는지를 떠올립니다. 그런 다음 아무도 제 존엄성을 빼앗을 수도, 기쁨을 앗아갈 수도 없다는 사실을 되새깁니다. 저 스스로 포기할 수는 있어도 아무도 제게서 그러한 것들을 빼앗아 갈 수는 없습니다.

물론 이렇게 스스로에게 상기시키는 것이 도움이 되긴 하지만, 여전히 내려놓기가 힘들 때가 많습니다. 앞선 장에서 과정과 의식에 대해 언급했는데, 그 두 가지 모두 도움이 된다고 생각합니다.

제 친구는 다른 접근법을 씁니다. 그녀는 자신의

상처와 부담을 모두 상자 안에 넣어 옷장 맨 위 선반에 올려놓는 것을 상상합니다. 그녀는 말합니다. "상자를 거기에 두는 것은, 상처들을 완전히 잊을 때까지 제 길을 방해하지 않는 곳으로 치워 두는 저만의 방식이에요. 저는 고통을 부정하거나 피하는 게 아니에요. 단지 제가 의식적으로 그 생각들을 더 이상 원하지도, 필요하지도 않은 것으로 치워 버리는 것이에요."

여러분에게는 어떤 방식이 도움이 되나요? 많은 사람들이 믿을 만한 친구나 영적 지도자, 상담사와 비밀리에 대화하는 것이 도움이 된다고 생각합니다. 중독으로 힘들어하는 사람을 사랑하는 많은 이들에게 12단계 모임은 건강한 거리 두기라는 필수적 영적 작업에 매우 귀중한 자원입니다. 또 어떤 사람들은 자신 안에 있는 동시에 자신을 넘어서는 힘을 끌어내는 데 도움이 되는 영적 수련법을 개발했습니다.

'보다 긍정적인 것으로 전환하는' 과정은 계속 진행 중이며 보통 지저분합니다. 용서라는 작업은 필수적인 만큼 또한 어렵기도 합니다.

그 과정에서 지친 기분이 들고 낙담하게 될 때면 저는 제가 존경하는 영웅 그레고리 보일 신부님을 떠올립니다. 그는 LA 지역에서 젊은이들이 조직 폭력의 삶에서 벗어나도록 돕는 일을 합니다. 누군가 그에게 마음이 상할 때 어떻게 대처하는지, 그리고 그 점에 대해 우리에게 줄 수 있는 지혜가 있는지 물었습니다. 그는 단순하게 대답했습니다. “사랑하고 사랑받는 사람이 되어야 합니다.”

예수님께서는 우리에게 용서하라고 하십니다. 하지만 그것은 거의 불가능해 보일 때가 많습니다. 하지만 저는 그것을 눈으로 직접 보았고, 마음으로 깨달았습니다.

몇 년 전, 제가 사목했던 본당에서 숀이라는 청년의 비극적인 죽음을 겪었습니다. 숀은 우리 본당 초등학교 졸업생으로, 쾌활하고, 외향적이며, 너그럽고, 많은 이들에게 호감을 얻고 큰 사랑을 받던 청년이었습니다.

숀은 스물세 살의 나이에 어이없는 교통사고로 가

슴 아프게 세상을 떠났습니다. 운전자의 실수로 인한 사고였는데 그 사람은 입원했지만 살아남았습니다. 장례 미사 시작 전, 저는 성당 앞에서 숀의 아버지 마이크와 이야기를 나눴습니다. 마이크는 덩치가 큰 사람으로, 조용하고 야외 활동을 좋아했습니다. 그가 너무 커서 그를 안으면 그의 품속으로 제가 사라져 버릴 정도였습니다.

마이크와 이야기를 나누던 중에 차를 운전했던 청년이 도착했습니다. 그는 병원에서 퇴원 허가를 받아 구급차를 타고 성당으로 왔습니다. 휠체어를 타고 성당 문으로 들어오는 그를 마이크가 보았습니다. 마이크는 "잠깐만요, 신부님." 하고는 그 청년을 향해 걸어갔습니다. 마이크가 그 휠체어에 다가가자 그의 덩치가 휠체어를 압도하는 듯했습니다. 저는 무슨 일이 일어날지 몰라 잠시 숨을 죽였습니다. 그런데 마이크는 그 청년 앞에서 무릎을 꿇고, 팔을 벌려 그를 꼭 껴안았습니다. 두 사람은 서로를 안은 채 서로의 품에서 울었습니다.

다시 말하지만, 예수님께서는 용서하라고 하십니

다. 거의 불가능해 보이지만 저는 그것을 제 눈으로 직접 보고 마음으로 깨달았습니다.

가족이라는 상처

저는 '역기능 가정'Dysfunctional family이라는 말이

항상 지나친 표현이라고 생각했습니다.

아이라 바이오크IRA BYOCK

한번은 친구 집을 방문했는데, 그 집 두 아이가 다른 방에서 놀고 있었습니다. 동생이 누나를 귀찮게 하자, 누나가 동생의 버릇을 고치려고 이렇게 말하는 것을 들었습니다. "그거 안 멈추면, 아빠가 너 더 이상 사랑하지 않을 거야." 제 친구는 바로 '그 순간'이 왔음을 알았고, 아이들이 있는 방으로 들어갔습니다(저는 문과 벽 사이의 틈으로 엿보았죠). 그는 한쪽 무릎에 아이를 한 명씩 앉히고 이렇게 말했습니다. "이건 정말 중요한 거니까 잘 들어 보렴. 아빠는 언제나 너희를 사랑한단다. 너희가 착하게 행동할 때 아빠는 기쁜 마음으로 너희를 사랑해. 너희가 잘못할 때 아빠는 슬픈 마음으로 너희를 사랑해. 그렇지만 아빠는 언제나 너희를 사랑할 거야."

그 아이들은 그런 아버지를 두어서 참으로 운이 좋습니다. 그들은 아마도 많은 다른 아이들보다 하느님의 놀라운 사랑과 그들에게 주어진 용서를 더 잘 이해할 수 있을 것입니다.

모든 아이가 이처럼 운이 좋은 것은 아닙니다.

우리 모두 부모로부터 두 가지 중요한 것을 받습니다. 바로 가장 큰 축복과 가장 깊은 상처입니다. 우리는 부모에게서 축복을 받습니다. 또한 그들로부터 상처를 받습니다.

부모의 가장 큰 장점은 하느님 마음속에 있는 지극히 선하심을 일부 담고 있다는 사실입니다. 하느님은 그러한 장점들을 가장 순수하고 사려 깊은 모습으로 구현하십니다. 하지만 하느님은 그보다 훨씬 더 위대하십니다. 반면 부모가 상처를 준 방식은 어떤가요? 하느님과는 전혀 다릅니다.

우리가 역기능 가정에서 살다가 건강해지는 유일한 사람이 되면, 그 가족 시스템은 보통 우리를 공격합니다. 갑자기 우리가 '나쁜 사람'이 되는 것입니다. 네 그렇습니다, 우리가 사랑하는 사람들이 우리에게 가장 큰 상처를 줄 수 있습니다.

우리는 어릴 때 대처하는 방법을 찾습니다. 참으로 다행스러운 일입니다. 성적으로 학대당한 아이들은 종종 해리(解離)하는 법을 배우고, 사랑이 사라질까 두려워했던 아이들은 종종 완벽주의자나 남을 기쁘게 하는 사람이 되며, 예측 불가능한 상황에서 자란 아이들은 종종 자신의 내적 지침을 거부하고 안전을 위해 어떤 외부 시스템에 의존합니다. 슬프게도, 어릴 때 우리가 버티도록 도와주었던 바로 그 대처 기술들이, 나이가 들면서 자유 안에서 성장하는 데 걸림돌이 됩니다.

하지만 우리는 그 일을 해내야만 합니다. 프란치스코회 사제인 리처드 로어Richard Rohr는 우리가 변화시키지 못한 것은 그대로 전달하게 된다고 말합니다.

폭력의 고리를 끊기 위해서 힘들고 고통스러운 작업을 해내고 보다 자유로워지는 사람들을 보면 감명을 받습니다. 우리는 자라면서 받은 상처나 아픔을 다른 사람에게 그대로 물려줄 필요가 없습니다.

물론 어려움에는 다양한 유형이 있습니다. 알코올이나 약물 의존증인 가족이 있는 경우, 명절마다 겪는 긴장성 스트레스, 우울증이나 자폐, 질병, 비통함에 대처하는 일 등 가족이라서 겪는 일은 정말로 어렵습니다. 아빠의 새 아내나 엄마의 새 남편과 어색한 시간을 견뎌야 하고, 원치 않는 이혼의 결과를 감당하며 살아가거나, 치매에 걸린 사실을 인정하지 않는 부모를 돌보는 어려움 등 가족 문제는 정말 복잡하고 골치 아픈 일이 많습니다.

그런데 놀랍게도 경이로우신 우리 하느님은 인간이라는 혼란 속에 자리하십니다. 우주와 그 안의 모든 것을 창조하신 분께서 베들레헴의 갓난아이로 인간 가족이라는 혼란 속에 겸손하게 태어나셨습니다.

그것은 보통 크리스마스카드에 묘사되는 것과는 다른 탄생입니다. 대부분 카드는 너무 예쁘기만 합니다. 예수님은 크리스마스카드 속 세상에 태어나지 않으셨습니다. 예수님은 복잡하고 혼란함 속에 태어나셨습니다. 육체적이고 냄새나는 뒤죽박죽 속에서 가난하고 약혼한 어머니의 복잡다단한 가정사에다 사회 정치적 극심한 혼란과 투쟁의 시기에 말입니다. 그 가정은 곧 목숨을 부지하기 위해 도망쳐야 했습니다.

우리 또한 '크리스마스카드 속 세상'에서 자라는 것이 아닙니다. 짜증만 나는 가족 관계도 있습니다. 우리는 예상되는 변화도 맞지만, 충격적이고 끔찍한 비극도 우리에게 닥칩니다. 가족과 얽힌 삶 중에는 두려운 것도 있고 슬픈 부분도 있으며, 즐거운 일도 있지만, 사실 대부분은 엉망입니다. 하지만 바로 그곳이 예수님께서 '집'이라고 부르기로 택하신 장소입니다. 그 모든 것이 뒤섞인 곳에서 우리는 하느님을 만날 수 있습니다.

제가 들은 중요한 문장 하나는 간결하고 짧은 단어로 이루어집니다. '하느님은 당신에게 어떻게 오시는가?'라는 질문에 대한 답이 그것입니다. 그 답은 '하느님은 당신의 삶으로 위장해서 오신다.'라는 것입니다.

그렇습니다. 하느님은 우리의 삶으로 위장하고 오십니다. 다른 방법은 없습니다. 우리에게 다른 삶은 없습니다. 하느님은 우리 가운데 우리와 함께 웃으십니다.

하느님은 아름다움 속에서 우리와 함께 기뻐하십니다. 하느님은 난관 앞에서 우리에게 영감을 주십니다. 하느님은 마음의 고통과 상처 안에서 우리를 안아 주십니다.

내면의 범퍼 스티커

마음은 그 자체로 공간이며,
마음먹기에 따라 지옥을 천국으로,
천국을 지옥으로도 만들 수 있다.

존 밀턴JOHN MILTON

예전만큼 인기가 있는 것은 아니지만, 여전히 일부 자동차에서 범퍼 스티커를 볼 수 있습니다. 최근에 저는 한 범퍼 스티커를 보고 웃음이 터졌습니다. 거기에는 인간 본성을 다소 비관적으로 통찰한 격려의 메시지가 있었습니다.

> 남들이 어떻게 생각하든지 걱정하지 마세요.
>
> 어차피 다들 그리 자주 생각을 하지는 않으니까요.

차에 범퍼 스티커를 붙이는 사람이든 아니든 우리는 모두 내면에 범퍼 스티커를 지니고 다닙니다. 그것은 하루 종일 우리 자신에게 말을 겁니다. 대개 입 밖으로 내뱉지는 않아도 이 내면의 메시지는 우리가 무엇을 할지 안 할지를 결정하고 생각과 감정에도 큰 영향을 미칩니다. 우리 삶에서 지대한 힘을 가지는데도 우리는 그것을 거의 의식하지 못하거나 잘 알고 있지 못하는 경우가 많습니다.

대부분은 어린 시절에 그러한 내면의 메시지를 알게 됩니다.

저는 아버지를 사랑했고 아버지는 좋은 분이셨습니다. 하지만 자라면서 제가 가장 두려워한 것은 아버지에게서 제게 실망한 표정을 보는 것이었습니다. 차라리 짜증을 내셨다면 더 나았을 것입니다. 대신에 아버지는 때때로 천천히 고개를 젓고 똑바로 저를 쳐다보시며 그 표정을 지으셨습니다(제 생각에 아버지도 당신의 아버지로부터 그 표정을 물려받으셨겠지요). 그 표정은 마치 제게 넌더리가 난다고 말하는 것처럼 느껴졌습니다. 그것은 제 내면의 범퍼 스티커 중 하나인 '나는 아직 부족해.'로 이어졌습니다. 그 소리 없는 주문은 제 삶에 많은 고통을 안겨 주었고, 심지어 지금도 불쑥불쑥 나타나곤 합니다.

어쩌면 다들 내면에 자리한 이런 범퍼 스티커나 그와 비슷한 것을 알고 있을 것입니다. '나는 멍청해.' '나는 남들과 어울리지 못해.' '아무도 나를 원하지 않고 사랑하지도 않아.' 같은 것들 말입니다. 많은 사람들이 지닌 내면의 범퍼 스티커는 두려움에 기반합니다. "세상은 무서운 곳이고, 나는 두려워해야 해." 혹은 "사람들은 나를 이용할 거야. 아무도 믿지 마."와 같은 것들입니다. 또 어떤 사람들은 '~해야 한다'라는 말을 중심으로 내면에 '나는 완벽해야 해.' '항상 인정을 받아야 해.' '그것들은 변해야 해.' 등의 범퍼 스티커를 만들어 냅니다.

끝없이 가능하지요. 내면의 범퍼 스티커가 무엇이든, 우리는 모두 그것을 가지고 있습니다. 그것은 우리 자신뿐만 아니라, 다른 사람들과의 관계에도 깊은 영향을 줍니다.

한 인간으로서 온전히 성장하기 위해서는 의식적으로나 무의식적으로 이 세상과 자기 자신에게 하고 있는 말들을 자각해야 합니다. 부끄러워할 필요는 없습니다. 그저 자각하면 됩니다. 영적 세계에서는 자각이 전부입니다! 누군가와 함께 내면의 여정을 걸으며 이러한 것들에 이름을 붙이고, 그것들이 어디서 왔는지 이해하고, 자기 파괴적 내면의 메시지를 생명을 주는 다른 메시지로 바꾸기 시작한다면 도움이 될 것입니다.

그런 작업을 통해 보다 건강한 내면의 범퍼 스티커를 붙이고 나면, 그것을 생활화해야 합니다. 거울에 붙여 두거나 휴대폰 알림을 설정해 해로운 생각에서 보다 빨리 벗어날 수 있도록 간단한 방법들을 써 봅니다.

스트레스는 부정적인 자기 대화를 더 부추깁니다. 도저히 불가능해 보이는 업무량에 압도될 때 저는 스스로에게 이렇게 말할 줄 알게 되었습니다. "이 세상에는 하느님께서 현존하시고 나한테 모든 것이 달려 있지 않다." 그것이 얼마나 맞는 말인지 하느님께서 제게 드러내 보여 주셨던 은총의 순간들을 기억합니다.

삶이 너무 빨리 지나가고 제가 뒤처진 듯한 기분이 들면 저는 이 말을 기억하며 느긋해지곤 합니다. "지금만 생각하자. 우주의 모든 사랑이 지금 여기 나와 함께 있다."

그렇게 내면의 범퍼 스티커를 떠올리면 종종 호흡이 편해지고 속을 가라앉히기 수월해집니다.

예전에 어려움을 겪고 있던 본당에서 새 직무를 시작했는데 저는 엄청난 충격을 받았습니다. 그때 한 문장을 되뇌이게 되었습니다. "축복을 음미하고, 혼돈을 신뢰하라." 제게 딱 맞는 내면의 범퍼 스티커였습니다. 지금도 여전히 요긴하게 쓰고 있습니다.

요즘에 사람들이 제게 어떻게 지내는지 물으면, 저는 보통 이렇게 대답합니다. "골칫거리들은 사소하고, 축복은 거대합니다." 그것은 사실입니다. 그리고 그것을 소리 내어 말하면서 그것이 정말로 그러하다는 것을 다시금 깨닫게 됩니다.

여러분 내면의 범퍼 스티커는 무엇인가요? 그것이 여러분에게 활력을 불어넣어 주나요? 특히 부당한 대우를 받거나 배신 또는 이용을 당했을 때를 대비해 내면의 범퍼 스티커를 지정해 놓는 것이 중요합니다. 그렇지 않으면 우리의 내면이 부정적인 메시지에 지배되어 원치 않는 결과를 초래할 것입니다.

상처를 받았을 때를 대비한 내면의 범퍼 스티커가 없으면 이름 없는 주문들이 생겨납니다. '그들은 대가를 치러야 해.' '난 형편없어. 내 탓이야.' '아무도 믿어선 안 돼.' 등등. 혹은 실제로는 힘들면서 스스로에게 '난 아무렇지도 않아.'라고 말할 수도 있습니다.

여러분의 범퍼 스티커가 무엇인지는 모르지만, 저나 여러분 모두 그것을 가지고 있습니다. 그리고 저는 그것이 중요하다고 믿습니다. 그것에 이름을 붙이고 일부를 보다 건강한 것으로 교체하는 작업을 기꺼이 하시겠습니까? 앞서 말했듯이 우리가 대비하지 않으면 결국 그것이 우리를 지배할 것입니다.

당신은 누구입니까?

자신을 하나님의 사랑을 받는 존재로
근본적으로 정의하십시오. 이것이 진정한 자아
입니다. 그 밖의 모든 정체성은 환상입니다.

브레넌 매닝BRENNAN MANNING

하버드 대학교에서 수행한 연구 결과가 2014년 7월 3일 자 사이언스지에 실렸습니다. 연구진은 사람들을 한방에 들여보낸 뒤, 15분 동안 가만히 앉아 있거나, 침묵을 깨고 자기 몸에 물리적 충격을 가하거나 둘 중 하나를 실행하라고 했습니다.

연구에 따르면 많은 사람들이 15분 동안 방해 없이 침묵을 견디느니 차라리 상당한 물리적 충격을 경험하려 했습니다. 남성의 3분의 2와 여성의 4분의 1은 조용히 앉아 있는 것을 너무나 견디기 힘들어한 나머지, 스스로에게 전기 충격을 가하는 쪽을 선택했습니다.

우리는 침묵에서 벗어나기 위해 많은 일을 합니다. 일부러 그러지 않았어도 결국에는 그렇게 됩니다. 다들 잘 알 겁니다.

그러한 이유 중 하나는 우리 마음속 깊숙한 곳에 자리한 공허함을 느끼고 싶지 않고 고통스러운 상처를 떠올리고 싶지 않기 때문이라고 생각합니다. 우리는 자신의 깊은 내면과 친구가 되지 못했습니다. 내면의 여정을 두려워합니다. 하느님의 선하심 안에서 평화롭게 머물 수 있는 그곳에 도달하기 위해서는 먼저 불쾌한 기억과 감정들을 뚫고 들어가야 하기 때문입니다.

상처는 거기에 있습니다. 그 상처들은 원인도 다양하고 정도도 모두 다릅니다. 강박적인 부모, 친족이나 다른 사람에 의한 성적 학대, 소속감에 대한 갈망에서 비롯된 섭식 장애, 자신의 성적 지향이 환영받지 못할 것이라는 두려움(어쩌면 자기 자신도 확신이 없을 수 있습니다), 결혼 실패의 아픔과 함께 사라진 희망들, 부당한 대우들, 혹은 중독 증세나 죄, 수치심 등. 거기에 무엇이 있든지 우리는 그것을 두려워합니다.

그런데 누구나 상처를 받습니다. 그리고 불행히도 우리 대부분은 상처가 있어도 괜찮다는 진실을 잘 알지 못합니다. 그렇습니다, 상처가 있어도 괜찮습니다.

제가 아는 한 여성이 자기 인생에서 '가장 밑바닥'이라고 부른 시기의 이야기를 했습니다. 끔찍한 이혼 과정을 겪고 있던 그녀는 밤에 집에 가는 것이 두려웠습니다. 그녀를 기다리는 신체적, 언어적 학대 때문이었습니다. 어느 날 그녀는 차를 몰고 도로를 벗어나 삶을 끝낼 장소를 골랐습니다. 감사하게도, 그녀는 그 전에 가장 친한 친구에게 전화를 걸었고, 그 친구는 "괜찮지 않아도 괜찮아."라고 말해 주었습니다. 그녀는 "그 말이 제 목숨을 살렸어요."라고 말했습니다.

괜찮지 않아도 괜찮습니다. 자신의 내면으로 들어갈 때 우리는 평화로움과 온전함보다는 갇힌 기분이 들거나 두려움, 혼란, 분노, 외로움, 비통함을 느끼는 내면의 공간들을 먼저 만납니다. 그래서 대부분은 아니지만 많은 사람들이 내면으로 향하는 여정을 피하게 됩니다. 그러나 말없이 고요히 머무는 것을 두려워하지 않아도 됩니다. 그것은 충만한 삶으로 가는 길입니다!

걷는 시간을 늘리거나 성당에 앉아 조용히 시간

을 보낼 수도 있고, 때때로 일기에 생각들을 적거나 믿을 수 있는 누군가와 함께 삶의 속내를 나누는 것도 좋습니다. 어떤 방식이든 그것은 중요한 여정입니다.

좋은 소식은 우리 내면에서 드러날 수 있는 상처 중 우리가 감당하지 못할 상처는 없다는 것입니다. 하느님의 치유 은총을 넘어서는 고통이나 괴로움은 없습니다. 우리를 도와줄 현명하고 유능한 좋은 사람들이 있습니다. 내면에 무엇이 있는지 두려워하지 않아도 됩니다. 내면에서 발견할 그 무엇도 우리의 선함을 약화시키지 못합니다. 설령 상처받거나 망가져도 하느님께 덜 중요하거나 덜 사랑스러운 존재가 되는 것은 아닙니다.

그리고 우리는 스스로를 고치거나 완벽하게 이해하지 않아도 됩니다. 다만 우리가 발견한 것에 이름을 붙이고, 우리가 생각하거나 상상하는 것보다 더 깊이 우리를 걱정하시는 하느님께 그것을 가져가기만 하면 됩니다. 하느님은 우리의 솔직함을 기뻐하십니다.

같은 사제인 친구가 이런 말을 했습니다. "나는 요

즘 기도할 때 내가 아직 말하는 법을 모르는 아기라고 생각해. 그래서 그냥 다른 사람들이 볼 수 있게 무언가를 들어올리기만 하지. 그게 내가 하는 일이야. 난 그저 나 자신과 모든 것을 하느님께서 보시도록 그분 앞에 내어 드려."

이 어렵고 끝없는 여정은 우리가 할 수 있는 가장 중요한 단 하나의 여정입니다. 사람들이 보는 겉모습이나 우리가 느끼고 생각하는 모든 것 이면에는 다름 아닌 하느님의 자녀가 있습니다. 하느님의 자녀로서 우리는 있는 그대로 괜찮은 존재이고, 사랑하고 사랑받는 유일무이하고 소중한 존재입니다. 눈에 보이고 안전한 존재이며, 창조주이신 하느님과 깊은 일치를 이루는 존재입니다. 하느님의 사랑은 끝이 없습니다.

스페셜올림픽(Special Olympics, 세계 최대의 발달 장애인 국제 스포츠 기구)에서 자원봉사를 한 친구에게서 들은 이야기입니다. 큰 경기에서 다운 증후군 청년들이 트랙을 달리고 있었는데, 뒤쪽 선수 한 명이 미끄러져 넘어지면서 무릎이 까져 고통에 찬 비명을 질렀습니다.

무리를 이끌던 선수가 그 소리를 듣고 멈추어 뒤를 돌아보았고, 다친 청년에게 다가가자 다른 선수들도 멈춰 섰습니다. 그는 넘어진 청년에게 "괜찮아."라고 말하며 허리를 굽혀 그를 일으켜 세웠습니다. 그러고 나서 그는 그와 어깨동무를 하고 결승선을 향해 함께 걷기 시작했습니다. 곧 다른 선수들도 합류해 서로 어깨동무를 하고 마지막 구간을 함께 걸었습니다. 관중들의 열렬한 응원 속에서 어깨동무를 한 선수들이 결승선을 통과했습니다. 그들 모두 승자였습니다.

우리 모두 마찬가지입니다. 우리는 다 함께 약함 속에서 어깨동무를 하고 결승선을 향해 나아갑니다. 상처받고 불완전하지만, 하느님의 사랑받는 자녀로서!

경로 재탐색

지혜가 반드시 나이와 함께 오는 것은 아니다.

때로는 나이만 덩그러니 찾아올 뿐이다.

톰 윌슨TOM WILSON

저를 잘 아는 사람에게 물어보면 제가 엄청난 길치라고 말할 겁니다. 사실이거든요. 게다가 저는 지도도 잘 볼 줄 모릅니다. 그래서 오래전 친한 친구 제리가 GPS라는 발명품을 설명해 줄 때 제가 얼마나 놀랐는지 결코 잊지 못합니다(네, 저는 GPS가 발명되기 이전 사람입니다). 그 발명품은 믿기 어려울 정도로 멋졌습니다. 그것은 어느 쪽으로 방향을 틀어야 하는지는 물론, 방향을 바꿀 지점까지 얼마나 남았는지도 알려 주었으니까요!

여행의 효율성이 높아진 만큼 불안도 크게 감소했습니다. 하지만 때로는 GPS가 있어도 여전히 방향을 놓치거나 이런저런 길로 돌아가곤 합니다(이 마법 같은 장치에 의문을 품는 것을 그만둘 법도 한데 말입니다).

실수를 하면 수치심을 느끼는 제 성향을 감안할

때 GPS에 대해 제가 특별히 좋아하는 점은 절대로 저를 기분 나쁘게 하지 않는다는 것입니다. 자상하게도, 제가 길을 잘못 들어서도 GPS는 저를 꾸짖지 않습니다. 대신에 멋진 단어 하나가 나옵니다. 아마 다들 들어보신 적이 있을 겁니다. 바로 '경로 재탐색'입니다. 제가 빠져나갈 지점을 놓쳤다고 해서 GPS는 "이 멍청아, 돌아가."라거나 "제발, 정신 좀 차려."라고 말하지 않습니다. 그저 '경로 재탐색'이라고 말할 뿐입니다.

나의 GPS는, 내가 지금 가고 있는 길이나 향하고 있는 방향이 내가 원하는 곳으로 가는 최선의 길이 아닐 때 이다음에 어디로, 어느 방향으로 가야 하는지를 알려 줍니다.

하느님의 부르심도 마찬가지입니다.

하느님은 헤아릴 수 없는 사랑으로 우리를 생명의 길로 인도하고자 하십니다. 예수님은 결코 쉬운 여정이라고 말하지 않으십니다. 그분은 우리가 지금 그리고 죽음의 순간에도 생명을 알기를 간절히 원하시기에, 우리를 그 길 위에서 당신을 따르라고 초대하십니다. 예수님의 초기 추종자들은 실제로 '길의 사람들'이라고 불렸는데, 이는 그분의 길이 진정으로 생명에 이르는 길이기 때문입니다. 예수님은 우리보다 앞서 그 고통스럽지만 아름다운 여정을 걸으셨고, 그분보다 더 생생하고 자유롭게 산 사람은 없었습니다.

그분의 초기 추종자들처럼 여러분도 저도 가고 싶다고 말하는 곳에 도달하기 위해서는 종종 어느 정도 경로를 재탐색해야 합니다. 사람들 대부분이 의미 있고 기쁨으로 가득 찬 삶을 원한다고 해도 과언이 아닐 것입니다. 우리는 모두 진정한 관계, 참된 행복, 생동감 넘치는 사랑, 깊은 평화에 대한 갈망을 품고 있습니다.

문제는 이것입니다. 우리가 걷고 있는 길이 우리를 그곳으로 이끌고 있나요? 인생이라는 여정에서 우리가 가야 할 곳, 원하는 곳으로 가기 위해 올바른 발걸음을 내딛고 있나요? 혹은 그렇지 못한가요?

누구나 살면서 다른 사람들을 불행하게 만드는 까칠하고 화를 잘 내는 사람이 되고 싶지는 않다고 말할 것입니다. 하지만 우리가 자신을 제대로 인식하지 않는

다면 그것이 바로 우리가 향하는 방향일지도 모릅니다.

얼마나 많은 이들이 분노와 원망이라는 불필요한 짐을 지고 살아갈까요? 그것이 우리를 끌어내리고 원하는 곳에 도달하지 못하게 한다는 사실을 깨닫지 못한 채 말입니다. 다시 묻습니다. 인생 여정에서 가고 싶은 곳으로 이어진 길을 걷고 있나요?

크게 혹은 작게 길에서 벗어났음을 깨닫더라도 하느님은 결코 우리를 부끄럽게 여기지 않으십니다. 네, 하느님은 인간 마음속의 선함을 너무나 기뻐하시기에 우리를 기분 나쁘게 만들지 않으십니다. 또한 우리의 자기혐오가 아름다운 삶으로 향하는 길로 인도하는 것도 아닙니다. 정말로 친절하고 감사하며 기쁨이 가득한 사람이 되고자 한다면 하느님은 간단하지만 절실하게 "너는 올바른 방향으로 나아가고 있느냐?"라고 물으십니다.

아니요, 하느님의 부르심은 수치심과 함께 오지 않습니다. 대신에 그것은 경로 재탐색이라는 중요한 초대를 담고 있습니다. 하느님은 다정하게 말씀하십니다. “더 깊고 아름다운 삶으로 향하는 길은 이쪽이란다. 나와 함께 가자. 내가 너보다 앞서 그 길을 갔을 뿐만 아니라, 지금도 너와 함께하며, 그 길의 모든 걸음마다 함께 있단다.”

완벽주의

울릴 수 있는 종을 울려요
완벽한 제물은 잊어버려요
모든 것에는 틈이 있지요
빛은 바로 그 틈으로 들어온답니다.

레너드 코헨LEONARD COHEN

어렸을 때 『The Little Engine That Could』(꼬마 기관차 이야기)라는 동화책을 읽었습니다. 높은 산 저편에 있는 아이들을 위한 음식과 장난감을 가득 실은 기차 이야기입니다. 기차를 끌려면 기관차가 필요한데, 작고 보잘 것없는 파란 꼬마 기관차가 한번 해보겠다고 나섭니다. 엄청 힘들면서도 꼬마 기관차는 계속해서 되뇌었습니다. "할 수 있어, 난 할 수 있어. 나는 할 수 있다, 할 수 있다." 스포일러를 하자면, 꼬마 기관차는 해냅니다! 성공하죠! 이야기의 교훈은 '자신을 믿으면 위대한 일을 이룰 수 있다!'일 것입니다.

그런 생각에도 가치가 없지는 않습니다. 우리가 이 세상에 변화를 가져올 수 있는 사람이라고 믿는 것은 좋은 일입니다. 하지만 뭔가를 할 수 있다고 믿으면 성공할 것이라는 생각에는 상당한 위험도 따릅니다. 종종 그 생각은 '나는 성공해야 해, 반드시 성공할 거야.'로 변질됩니다. 실패를 용납할 수 없다고 생각하며 성장할 수 있습니다. 긍정적인 마음가짐은 유익하지만, "할 수 있어, 나는 할 수 있어."라고 말하며 온 힘을 다해도 여전히 할 수 없는 상황이 있습니다. 기차가 너무 무겁거나 산이 너무 높을 수도 있고, 우리 기관차가 너무 작을 수도 있습니다.

물론 우리는 정말 중요한 일에 노력을 기울여야 합니다. 그리고 실패하는 경우가 일상다반사입니다. 아이들이 성공하지 못했을 때를 대비하지 못하게 내버려두는 것은 옳지 않습니다.

우리는 모두 종종 실패를 합니다.

예수님은 복음을 선포하라고 제자들을 파견하시면서 흥미로운 조언을 덧붙이셨는데, 그들이 때때로 거부와 실패를 경험할 것이라는 경고였습니다. 그리고 그런 경우에는 그들 발의 먼지를 털어 버리고 나아가라고 말씀하셨습니다. 예수님은 실패가 우리를 잠식하는 것을 바라지 않으십니다. 실패했을 때 우리는 그 좌절감을 인정하고 계속 나아가야 합니다. 예수님은 우리와 당신의 모든 제자들이 그것을 '털어 버리기'를 원하십니다.

많은 사람들이 털어 버리는 일에 어려움을 겪을 것입니다. 하지만 그것은 정말로 중요합니다.

실패가 일어난다는 것이 현실입니다! 사업을 한다고 해서 항상 성공하는 것도 아니고, 모든 결혼이 천국 같은 것도 아닙니다. 모든 수술이 성공적인 것은 아닙니다. 신제품이라고 다 대박이 나는 것도 아닙니다. 대부분의 대학생이 우등생은 아닙니다. 사람들과의 우정에도 실수나 잘못된 행동과 말이 가득합니다. 어쩌면 이런 일들이 일어난다고 그렇게 놀랄 일이 아닌지도 모릅니다.

우리 인간은 유한하고 실수를 하지 않을 수 없는 존재입니다. 어쩌면 예수님은 다양한 표현으로 이렇게 말씀하시는지도 모릅니다. "괘념치 말아라!" 망가진 것 중에는 고칠 수 없는 것도 있고, 어떤 관계는 시작조차

못 할 때도 있습니다. 운동을 시작한 많은 아이들이 대학이나 프로 수준에 도달하지 못하고 그만둡니다. 부모가 항상 옳은 선택만 하는데도 자녀는 고통을 겪거나 빗나갈 수 있습니다. 하지만 괜찮습니다. 여러분과 제가 하느님의 사랑받는 존재라는 것은 변함이 없습니다.

우리는 자책감에 너무 빠져 현재 누리고 있는 삶을 놓칠 수 있습니다. 자책하는 데 내적 에너지를 쏟아붓느라 바로 우리 눈앞에 있는 선을 행할 기회를 놓칠 수 있습니다.

저는 하느님께서 우리가 인간의 나약함을 스스로 질책하는 대신에, 그것을 인정하고 실패를 받아들이며 용서의 약속을 믿고 앞으로 나아가는 법을 배우기를 바라신다고 믿습니다. 우리는 누구나 실패와 실수의 총합보다 더 큰 존재입니다. 하느님께서 우리 발에서 후회의 먼지를 털어 낼 수 있도록 도와주시길 바랍니다!

제게 아이가 있었다면 어쩌면 제가 어릴 적 읽은 꼬마 기관차 동화책을 읽어 주었을지도 모릅니다. 만약 그랬다면 일을 해내지 못한 꼬마 기관차들에 대한 제 의견도 덧붙였기를 바랍니다. 그리고 아이들이 항상 "할 수 있어, 난 할 수 있어."라고 말하는 대신에, 가끔은 "할 수 없을 것 같아."라고 말해도 괜찮다는 것을 알게 해 주었기를 바랍니다.

자신을 용서하기

자신을 잘 알면 알수록

자신을 더 많이 용서할 수 있다.

공자

토머스 에디슨이 자신이 만든 첫 번째 전구의 개량 작업을 할 때의 일입니다. 그가 완성된 전구를 어린 조수에게 건넸고, 긴장한 조수는 전구를 들고 위층으로 올라갔습니다. 계단 꼭대기 다다라 소년은 그만 귀한 전구를 떨어뜨려 산산조각이 나고 말았습니다. 잠시 겁에 질린 침묵이 흐른 뒤, 팀 전체가 다시 작업을 시작했습니다. 많은 시간 동안 힘든 작업 끝에 그들은 또 다른 전구를 완성했습니다. 전구를 다시 위층으로 가져갈 준비가 되자 에디슨은 주위를 둘러보고 아까 그 소년을 찾아 그에게 전구를 건네며 그 일을 맡겼습니다. 에디슨은 여전히 그를 믿는다는 것을 보여 주려고 일부러 그 소년에게 또 한 번의 기회를 준 것입니다.

여러분도 자기 자신에게 그렇게 할 수 있나요?

용서를 받아들이는 것은 용서를 베푸는 것만큼이나 힘들 수 있습니다. 많은 사람들이 새로운 시작을 어려워합니다.

특히 스스로를 용서하지 못한 상태이거나 나의 실수를 누군가 계속해서 들춘다면 자신에게 그런 연민을 베풀기는 더 어렵습니다. 사실 다른 누군가가 내 기분을 망칠 필요조차 없습니다. 수치심에 사로잡혀 우리 스스로 그렇게 하니까요.

어린 시절 저는 실수를 할 때마다 항상 수치심이라는 유혹에 빠졌습니다. 실수를 건강하게 비판하는 대신에, 의도하지 않았더라도 잘못된 행동을 했으므로 곧 제가 나쁜 사람이라고 여기게 내버려둔 것입니다. 안타깝게도 저는 하느님께서 보시는 것을, 사랑받기 위해 완벽할 필요는 없다는 것을 미처 제게서 보지 못했습니다.

많은 영성 작가들이 어떤 면에서는 그 반대가 진실이라고 말합니다. 영적 영역에서는 사실 옳게 행동할 때보다 잘못할 때 훨씬 더 성장한다고 합니다. 죄를 짓거나 실패할 때 우리는 더 이상 사랑을 '받을 자격'이 있다는 환상 속에 살 수 없습니다. 또한 '저 사람'보다 내가 낫다는 생각도 유지할 수 없습니다. 우리는 서로서로 얼마나 닮아 있고 비슷한 존재인지 다시금 기억하게 됩니다.

앞서 말했듯이 하느님은 우리가 착하기 때문에 우리를 사랑하시는 것이 아니라, 하느님이 우리를 사랑하시기 때문에 우리가 착한 것입니다. 우리는 무언가를 성취해 우리의 존재 가치를 인정받고 싶어 하지만, 하느님의 사랑은 무언가의 대가로 얻을 수 있는 것이 아닙니다. 게다가 더 중요한 것은, 그럴 필요도 없다는 것입니다!

베드로가 예수님께 "주님, 저에게서 떠나 주십시오. 저는 죄 많은 사람입니다."(루카 5,8)라고 말했지만, 예수님은 그를 떠나지 않으셨습니다. 또 제가 수치심에 가득 찬 사람들에게 종종 "당신은 하느님께서 당신을 사랑하는 것을 멈추게 할 힘이 없습니다!"라고 말하는 것처럼 말입니다.

이삼십 년 전쯤 초등학생들에게 고해성사를 주는데, 4~5학년 정도 되어 보이는 소녀가 겁먹은 목소리로 죄를 고백하러 왔습니다. 저는 가끔 하는 질문을 그 아이에게도 했습니다. 먼저 "그 일로 미안하니?" 하고 물었습니다. 아이는 "네."라고 답했습니다. 다음으로 "왜 미안한데?" 하고 물으니, 아이는 두려움에 휩싸여 먼 곳을 응시하며 가라앉은 목소리로 말했습니다. "하느님이 저를 다시 사랑해 주셨으면 좋겠기에요." 저는 울뻔했습니다.

마치 하느님께서 자기를 사랑하는 것을 멈추시기라도 할까 봐….

저는 부모들이 하느님의 마음에 대한 독특한 통찰력을 가지고 있다고 자주 생각합니다. 어린 자녀나 손주가 있다면 아이가 떼를 쓰는 것을 경험해 보셨을 겁니다. 그런 상황이 아무리 성가시다고 해도 아이를 사랑하는 마음을 멈출 수는 없죠, 그렇지 않나요? 어떤 부모들은 제게 이렇게 말합니다. 하루 종일 아이와 씨름하느라 아무리 힘들어도 잠든 아이의 모습을 보면 자신이 아이를 얼마나 사랑하는지 다시금 깨닫게 된다고요. 여러분이 엄마나 아빠라면 그런 순간 마음에서 솟아나는 사랑은 하느님께서 어떤 분이신지를 보여 주는 것일 뿐만 아니라, 실제로 우리 안에 계신 하느님이라고 말해 주고 싶습니다.

그리고 여러분이 그날 자신을 미치게 만든 아이를 여전히 사랑할 수 있다면, 또 엇나간 아이를 여전히 그리워한다면 하느님께서도 여러분에게 똑같이 해 주시지 않겠습니까?

머리에서 가슴으로 가는 그 긴 여정

어떤 날에는 그저 일어나
또 다른 하루를 마주하는 것 자체가
가장 위대한 믿음의 행위입니다.

에이미 개틀리프AMY GATLIFF

옛날이야기 하나가 있습니다. 예수님께서 죽음에서 부활하시어 하늘로 올라가신 후, 이를 축하하기 위한 큰 잔치가 열릴 예정이었습니다. 천국의 연회장은 준비되었는데, 예수님은 어디에도 보이지 않았습니다. 그래서 제자들은 베드로를 보내 예수님을 찾게 했습니다. 잠시 후 베드로가 돌아오자, 제자들이 예수님은 어디 계시냐고 물었습니다. 베드로는 이렇게 말했습니다. "예수님은 천국 문 앞에 계십니다. 유다를 기다리고 계신다고 하셨어요."

예수님의 마음속에는 우리를 언제까지나 기다리시는 무언가가 있습니다. 예수님은 우리가 우리의 죄보다, 우리의 가장 큰 실패보다 더 위대한 존재임을 아십니다.

우리는 어떻습니까? 머리로는 알고 있을지 몰라도, 그 사실이 머리에서 가슴속 깊은 곳까지 잘 전달되지는 못합니다. 죄책감과 수치심이 우리를 괴롭힐 때 우리는 어떻게 앞으로 나아갈 수 있을까요?

누군가에게 상처를 주었다면 우리는 해야 할 일이 있습니다. 우리 자신과 다른 사람, 혹은 이 세상에 해를 끼쳤을 때 우리는 그것을 바로잡을 책임이 있습니다. 되도록 먼저 상대방에게 미안하다고 말할 방법을 찾아야 합니다. 그때 우리는 각별한 주의를 기울여야 합니다. 어떻게 미안하다고 말하는지가 매우 중요하기 때문입니다. 둘째로, 가능한 한 보상해야 합니다. 대개 끼친 피해를 완전히 되돌릴 수는 없지만, 할 수 있는 만큼 최선을 다해야 합니다.

그렇게 하고 나서 하느님께도 죄송하다고 말씀드렸다면, 이제 많은 이들이 자기 용서라는 과제를 시작할 시간입니다. 과거가 아니라 앞으로 나아갈 시간입니다. 이러한 사실을 온전히 신뢰하기 어렵더라도, 먼저 하느님께서 우리를 이미 용서하셨다는 것을 기억해야 합니다. 하느님께서 바로 그렇게 하셨으니까요.

그러다가 후회가 다시 가슴을 짓누르면 수치심에 물러서는 대신에 그 순간을 의식적으로 사랑의 행동을 하기로 결심하는 기회로 삼아야 합니다. 하느님께 받은 자비에 감사하며, 가까이 있는 사람에게 친절하고, 상처받은 이를 위해 조용히 기도하거나, 필요한 순간에 도움 손길을 내밀 수도 있습니다.

다른 사람을 용서하는 것과 마찬가지로 자신을 용서하는 것도 의식적인 과정입니다. 다시 기분이 나빠질 때마다 우리는 이미 용서받았음을 되새기고 그 순간 다시 사랑하기로 선택합니다. 수치심을 내려놓고 용서를 받아들이고 자신을 용서하는 과정은 한꺼번에 이루어지지 않습니다. 어쩌면 완전히 끝나지 않을지도 모릅니다. 하지만 다시 수치심을 느낄 때에도 계속해서 사랑하기를 선택한다면 시간이 지남에 따라 우리의 죄와 실패는 세상을 위해 더 사랑하는 사람으로 거듭나는 데 중요한 요소가 될 수 있습니다!

제 친구는 자신을 연민하는 법을 배우려고 노력하

고 있습니다. 그녀는 이렇게 말했습니다. “하느님께서 저를 용서하신다는 것을 아는 것만으로는 충분하지 않아요. 하지만 상처받은 다른 사람들을 연민하는 것은 어렵지 않죠. 그래서 저는 정말 힘들거나 크나큰 마음의 고통을 겪는 사람을 생각하며 그들에게 느끼는 연민을 마음 깊이 새겨요. 그리고 제가 부족하다고 여기거나 결점이 있다고 여기는 부분, 또 상처받았다고 느끼는 부분을 찾아서 저 자신에게도 연민의 감정을 느껴 보려고 노력해요. 힘들지만, 저는 해야 한다는 걸 알아요.”

여러분이 스스로를 용서하는 길에 무엇이 도움이 될지는 확실히 알 수 없지만, 노력하는 것 자체가 정말로 중요합니다. (이 책 뒷부분에는 도움이 될 만한 기도 안내가 있습니다.)

어떤 도움이든 어떤 방식이든 많은 이들이 어려움을 느끼겠지만, 이러한 노력은 이 세상에서 우리가 살면서 하느님께서 우리 각자에게 요청하신 일을 할 수 있도록 우리를 자유롭게 해 줍니다.

옛날에 한 젊은 수사가 원장 수사에게 가서, 기도 시간에 예수님께서 직접 자신에게 나타나신다고 말했습니다. 원장 수사는 젊은 수사가 선한 사람이라는 것을 알았지만, 이 말에 대해서는 의구심이 들었습니다. 이야기를 들은 원장 수사는 이렇게 말했습니다. "형제가 진실한 젊은이라는 것은 알지만, 이건 너무나 이례적인 일이네." 그는 잠시 멈추었다가 말했습니다. "이렇게 하게. 예수님께서 형제에게 다시 나타나시면 형제가 지난주 고해성사에서 어떤 죄들을 고백했는지 여쭤보게. 만약 그분이 정말 예수님이라면, 아실 걸세." 젊은 수사는 동의했고, 일주일 후에 다시 만났습니다. 원장 수사가 물었습니다. "이번주에도 예수님께서 나타나셨나?" "네." "그리고 형제가 지난 주말에 고해성사에서 고백한 죄가 무엇인지 여쭤보았나?" "네, 그랬습니다." "그래서 예수님께서 뭐라고 하시던가?" 젊은 수사는 원장 수사를 똑바로 바라보며 말했습니다. "예수님은 제게 원장님의 눈을 똑바로 보고 이렇게 전하라고 하셨습니다. 그분의 대답은 '나는 잊었다.'입니다."

여러분이나 저나 자신의 실수를 잘 잊지 못하는 사람일지 모릅니다. 하지만 하느님은 우리의 과거 실수와 실패에 우리만큼 관심이 없으십니다. 오히려 하느님은 우리의 눈을 바라보시며 말씀하십니다. "나는 너를 사랑한다, 바로 지금. 자, 이 세상을 사랑하러 가자."

하느님을 용서해야 할까요?

하느님을 찾으려면 하느님을 놓아야 한다.

에크하르트ECKHART

제가 아는 한 여성은 하느님께 어릴 적 겪은 학대 이야기를 하면서 욕실을 청소했습니다. 아버지는 그녀를 성적으로 학대했을 뿐만 아니라, 자기 형제까지 끌어들였습니다. 그녀는 말했습니다. "저는 늘 하느님께 묻곤 했어요. '왜 그런 일이 일어나도록 내버려두셨나요, 하느님? 왜요, 하느님, 왜요? 왜 막지 않으셨나요?'" 그녀가 다시 말했습니다. "어느 날 욕실을 청소하며 변기 옆면을 닦다가 그 답을 알게 되었어요. 마치 하느님께서 이렇게 무언의 말씀을 하시는 것 같았어요. '그들은 자유 의지가 있다. 내가 강제로 그들이 무엇을 하게 했다면 나 또한 그들과 다를 바 없었을 것이다.'" 그녀는 하느님께서 아버지나 삼촌과 다르다는 것을 알고 가슴의 응어리가 풀리며 눈물을 흘렸습니다(사실 그녀도 이미 알고 있었지요). 그녀는 그날 이후로 다시는 자신에게 일어났던 일을 하느님 탓으로 여기지 않게 되었습니다.

이 세상의 고통은 하느님의 뜻이 아닙니다. 그런데도 장례식장이나 병문안 또는 다른 고통의 순간에 사람들이 건네는 상투적인 위로의 표현들 속에 그런 의미가 담겨 있습니다.

아마 여러분도 들어본 적이 있을 겁니다. 어쩌면 직접 말해 본 적도 있겠지요. 그런 표현들 속에 담긴, 하느님이 사람에게 죽음을 내리시거나 고통을 주신다는 말을 믿지 않았기를 진심으로 바랍니다. 가령 "하느님은 당신이 감당할 만큼의 시련만 주신다."라거나 "하느님은 문을 닫으실 때 항상 창문을 열어 두신다."와 같은 말들은 마치 하느님이 뭔가 더 숭고한 목적을 위해 우리에게 고통을 보내신다고 암시하는 듯합니다. 심지어 흔히 쓰는 "모든 일에는 이유가 있다."라는 말에도 문제가 있습니다. 네, 하느님은 우리가 삶에서 겪는 온갖 일들을 통해 좋은 것을 주실 수 있습니다. 고난을 통해 축복을 경험하지 않은 사람이 있습니까? 하지만 그렇다고 해서 하느님께서 그 나쁜 일이 일어나도록 하셨다는 의미는 아닙니다.

두 가지 모두 동시에 사실입니다. 하느님은 우리에게 고통이나 죽음을 보내지도 않으시고, 우리가 당신께 화를 내는 것도 마다하지 않으십니다! 하느님은 우리의 분노를 감당하실 수 있습니다. 제가 아는 하느님은 기도할 때 우리가 솔직하기를 간절히 바라십니다. 우리의 모든 분노와 상처, 혼란을 있는 그대로 하느님께 가져갈 수 없다면, 그런 분이 대체 무슨 하느님이겠습니까? 그분에게서 멀어지기 전에 하느님께 모든 것을 터놓고 얘기하는 게 좋습니다.

설령 하느님이 고통을 주신다고 믿지는 않더라도 많은 사람들이 막연하게 하느님은 우리의 고통과 번뇌에서 멀리 떨어져 계신다고 생각합니다. 고통을 야기하는 것이 하느님이 아니시라면 그분이 신경 쓰실 일도 아니고, 그분은 관심이 없거나 모르시는 게 틀림없다고요. 다시 묻겠습니다. 그런 분이 대체 무슨 하느님이겠습니까? 제가 친하고 싶은 분은 아닙니다.

하느님이 우리의 고통과 괴로움에서 동떨어져 계신다고 여기는 어떠한 생각도 그분의 십자가 죽음에 의해 영원히 거짓으로 드러났습니다. 그 십자가 죽음(십자고상)은 모든 가톨릭 단체를 비롯해 대부분의 가톨릭 신자의 집에 걸려 있습니다. 안타깝게도 보통 우리는 그 십자고상의 의미를 의식하지 못하고 무심코 지나치곤 하지요.

십자가 위에서 모욕당하시고 피 흘리시며 고통스러운 죽음을 맞이하신 예수님의 모습은 우리에게 하느님 사랑의 가장 강력한 증표로 기억될 것입니다. 그분은 우리 인간의 고통을 껴안으신 하느님이자, 예수님 안에서 우리와 함께 고통을 겪으신 하느님입니다!

요한 복음에는 예수님의 친구 한 명이 죽었을 때 있었던 아름다운 이야기가 나옵니다. 예수님은 숨이 끊어진 친구 라자로의 몸이 안치된 무덤에 도착하셨는데, 가장 먼저 놀라운 행동을 하십니다. 바로 눈물을 흘리신 것입니다. 그렇습니다, 예수님은 눈물을 흘리셨습니다. 하느님은 예수님 안에서 마음이 아프고, 상실을 겪으며, 죽음의 슬픔과 마음이 무너진 이들의 고통 앞에서 숨쉬기조차 힘든 그것이 어떤 것인지 아셨던 것입니다.

그러고 나서 예수님은 라자로의 무덤 앞에 서서, 아마도 여전히 눈물 젖은 얼굴로, 두 번째 놀라운 일을 하십니다. 그분은 라자로를 다시 생명으로 불러내십니다. 그리고 마침내 라자로가 무덤에서 걸어 나옵니다. 예수님께서 죽음에서 생명을 불러내신 것입니다.

저는 이 두 가지 놀라운 일이 바로 예수님께서 우리에게 하시는 일이라고 믿습니다. 그분은 우리와 함께 울고, 우리 마음의 상처와 상실에서 생명을 끌어내십니다.

그렇습니다, 하느님은 고통이나 죽음을 야기하는 분이 아니십니다. 오히려 하느님은 먼저 우리의 모든 고통을 짊어지신 다음, 마치 무덤 속 같은 삶에서 우리를 불러올리십니다. 그리고 그 부르심 속에는 마음의 상처와 상실에서 생명과 의미를 끌어내는 힘이 깃들어 있습니다.

하느님을 용서해야 할까요? 아니요, 전제가 잘못되었습니다. 원망하고 있는 하느님이 진정한 하느님이신지 확인해 보시기 바랍니다.

누군가를 정말로 용서했는지
어떻게 아나요?

친구를 용서하는 것보다

적을 용서하는 것이 더 쉽다.

윌리엄 블레이크WILLIAM BLAKE

"그럼 제가 아내를 정말로 용서했는지 어떻게 알 수 있나요, 조 신부님?" 제 음성 사서함의 메시지는 이 질문으로 끝났습니다. 약 14개월 전 전화를 건 이 남성은 아내의 외도와 몰래 빼돌린 돈, 그리고 어느 날 그녀가 훌쩍 떠나 버리면서 남긴 수많은 상처와 상실감 등으로 인한 자신의 비통한 심정을 제게 털어놓았습니다.

그를 처음 만났을 때 저는 그가 좋은 사람이라는 것을 알 수 있었습니다. 그는 옳은 일을 행하고 자신에게 주어진 소명대로 살려고 노력하는 사람이었습니다. 그는 상처받은 가족을 치유하고, 원한을 품지 않으며, 아내와 대화하거나 아내에 대해 이야기할 때 성숙하게 대처하려고 최선을 다했습니다. 하지만 한 가지 질문이 계속 그를 괴롭혔습니다. "내가 아내를 정말로 용서했는지 어떻게 알 수 있을까?"

제 솔직한 대답은 "모르겠습니다. 그리고 그 질문은 그렇게 중요하지 않다고 생각합니다."입니다. 물론 그런 말부터 한 것은 아닙니다. 저는 우선 그분의 말에 귀를 기울이고 제가 할 수 있는 최선을 다해 사랑으로 대했습니다. 어느 순간 저는 그에게 물었습니다. "'아내를 진정으로 용서했는지' 아는 것이 왜 중요하다고 생각하세요?" 그가 말했습니다. "신부님, 저는 이 일을 올바르게 처리하고 싶습니다. 그래서 하느님께서 제게 실망하지 않으셨으면 좋겠어요."

어떻게 생각하십니까? 하느님께서 그에게 실망하셨을까요? 제가 보기에, 그는 하느님께서 바라시는 대로 일을 처리하고 있습니다. 그가 때때로 상처와 분노의 감정에 휩싸이는 것은 이해할 만한 일입니다. 아울러 그는 가족과 이 세상을 위해 사랑이 넘치는 사람이 되려고 노력하고 있습니다. 하느님께서 그 이상을 바라실 거라고 생각하십니까?

안타깝지만 이 책의 다른 부분에서 언급했듯이,

너무나 많은 사람들이 정도는 달라도 완벽주의에 쉽게 사로잡힙니다. 이 유혹은 용서하려고 노력할 때도 나타납니다. 대체 어떤 하느님이 불완전한 피조물인 우리에게 완벽함을 기대하겠습니까? '올바르게 처리하려고' 애쓰는 것이 정작 필요한 치유의 길을 가로막을 수도 있습니다.

시간을 내어 성찰해 보면 분노가 우리를 지배하는 힘이 약해지는 때를 대략 알 수 있습니다. 고통에서 차츰 벗어나 마음의 응어리가 풀리고, 차오르던 복수심이 가라앉는 징후들을 알아볼 수 있을 것입니다.

우리가 이제 거의 다 끝난 일이라고 생각했던 문제에 대해 갑자기 다시 화가 나는 것은 드문 일이 아닙니다. 그게 뭐 어때서요? 그냥 그 감정이 존재하는 것입니다. 그 감정의 존재를 인정하되 당황하지는 마십시오. 만약 다시 분노나 원망의 소용돌이에 휩쓸리기 시작한다면 그때는 모든 것을 더 높으신 분의 힘에 맡기고, 우리는 그것을 내려놓고 나아갈 수 있도록 도와주는 일들을 의식적으로 해야 할 때입니다.

우리가 과연 상처를 완전히 내려놓을 수 있을지 누가 알겠습니까? 그보다 더 중요한 것은, 우리가 고통에 잠식되지 않고, 비록 완벽하지는 못해도 대체로 선하고 사랑이 넘치는 인간으로 살아가고 있다면 우리는 올바른 길로 가고 있다는 것이 아닐까요?

우리가 용서하려고 애쓰면서 세상을 위해 사랑 넘치는 사람이 되려고 열심히 노력하고 있다면 그것으로 충분하지 않을까요? 하느님께 여쭤본다면 저는 이렇게 대답하실 거라고 믿습니다. "아무렴, 그렇고말고, 충분하고말고."

얼마나 당신에게 달려 있을까요?

당신이 아는 모든 빛의 가장자리에 이르러
미지의 어둠 속으로 발을 내디디려 할 때,
믿음이란 다음 두 가지 중 하나가
일어날 것을 아는 것입니다.
발 디딜 단단한 곳이 나타나거나,
혹은 나는 법을 배우게 되거나.

패트릭 오버턴PATRICK OVERTON

저는 16년 동안 제 집처럼 여길 수 있는 본당에서 사목하는 축복을 누렸습니다. 그 세월 동안 셀 수 없는 축복과 산더미 같은 일, 적지 않은 마음고생, 사랑하는 사람들과의 깊은 친밀감이라는 선물을 받았습니다. 그곳에서의 시간이 끝나갈 무렵, 사람들은 진심으로 작별 인사를 해 주었습니다. 그곳을 떠나며, 저는 그들의 사랑에 감사했고, 제가 아는 좋은 사제의 손에 그들을 맡길 수 있게 되어 감사했습니다.

하지만 떠나는 것은 정말 힘들었습니다. 그날은 금세 다가왔고, 저는 열쇠를 반납하고 차를 몰고 떠났습니다. 그 동네에서 다른 지역으로 넘어가는 강의 다리에 이르렀을 때 저는 갑자기 오열했습니다. 사고라도 날까 봐 두려울 정도였습니다. 다리 위에서는 차를 세울

곳이 없어서 그저 앞만 똑바로 보려고 애쓰며 운전했었습니다.

새 본당에 도착하니, 물론 새로운 도전들이 기다리고 있었고, 처음에는 몇 가지 일들이 조금 두렵기도 했습니다.

곧 새 본당에서 드리는 첫 주일 미사 날이 되었습니다. 제 마음속에는 여러 감정이 뒤섞여 있었습니다. 긴장감과 희망, 약간의 부담감, 그리고 이별의 슬픔이 여전히 저를 짓누르고 있었습니다. 시작 성가를 부르며 제대로 나가는데 무언가가 제 성가책을 잡아당겼습니다. 자그마한 5학년 복사 아이가 자기도 성가를 함께 부르려고 성가책을 살짝 끌어당기고 있었습니다. 정말 사소한 일이었는데, 아이의 그 진지한 모습에 제 눈가에는 눈물이 맺혔습니다. 한순간 마치 하느님께서 "내가 여기 있다."라고 말씀하시는 것 같았습니다.

도전과 내려놓음이 어떤 식으로 찾아올지 우리는 알 수 없습니다. 하지만 반드시 찾아옵니다. 또한 하느님께서 어떤 형태로 우리에게 "내가 여기 있다."라고 말씀하실지도 모릅니다. 하지만 하느님께서 그렇게 하실 것을 저는 믿습니다.

용서의 작업은, 우리가 본래 되어야 할 온전한 인간으로 성장하기 위한 모든 노력과 마찬가지로, 많은 수고가 필요한 일입니다. 그리고 우리의 열린 마음과 기꺼이 행하는 의지가 필요합니다. 하지만 그 모든 것이 전적으로 우리에게만 달려 있는 것은 아닙니다.

예수님은 우리가 어떤 상황에 직면하든 필요한 힘을 주시기 위해 우리와 함께하시겠다고 약속하셨습니다. 하느님께서 이미 함께 계시지 않는 곳은 없습니다. 그리고 때로는 우리가 미처 찾지 않을 때도 우리 안이나 주변에서 필요한 것이 문득 나타납니다. 말 또는 말없이 하느님은 "내가 여기 있다."라고 말씀하실 것입니다.

모든 것을 혼자서 할 수 없다는 것을 깨달을 때 우리는 지혜롭습니다. 또한 그럴 필요가 없다는 것을 깨달을 때도 우리는 지혜롭습니다.

몇 년 전, 제 인생에서 스트레스가 극에 달한 시기

에 저는 일과 기도에 집중하기 위해 잠시 시간을 내어 떠났습니다. 많은 일들이 마감일에 걸려 있었고 잘 풀리지도 않아, 스트레스 지수가 정말, 정말 높을 때였습니다. 아름다운 피정 센터에서 선물 같은 72시간을 지내게 되었지만, 거의 720시간 분량의 일을 해내야 했습니다. 너무 버거워서 도무지 안정을 찾을 수 없었습니다.

스트레스가 심하던 그때 읽고 있던 책의 한 구절이 큰 은총으로 다가왔습니다. 그 책의 저자는 성경에서 예수님은 '스스로' 죽음에서 일어나셨다고 쓰여 있지 않다고 지적하며, 예수님은 죽음에서 '일으켜지셨다'라고 말합니다. 예수님은 스스로 일어나지 않으셨습니다!

어깨를 짓누르던 압박감이 사라지는 것 같았습니다. 예수님께서 스스로 죽음에서 일어나지 않으셨듯이, 저 또한 스스로 일어설 필요가 없습니다. 모든 것이 저에게 달린 것은 아닙니다.

아무리 노력해도 삶의 상처들이 다시 마음을 무겁

게 하고, 해묵은 불안감이 사고를 잠식할 때가 있습니다. 저는 '아, 이런. 다시 또 처음으로 돌아왔구나.'라고 생각하는 안 좋은 버릇이 있습니다. 제가 깨달은 사실은, 자유로워질수록 상처의 영향은 덜 받게 되었지만, 여전히 상처에 부딪히게 된다는 것입니다. 위기 상황에는 그 악순환이 더 심해지고, 제 문제점들이 다시금 눈앞으로 다가옵니다. 하지만 그렇다고 해서 다시 처음으로 돌아간 것은 아닙니다.

예수님께서 죽음에서 일으켜지셨을 때 그분의 몸에는 여전히 상처 자국이 남아 있었습니다. 하지만 그 상처들은 더 이상 그분에게 아무런 힘도 쓰지 못했습니다. 결국 하느님께서 제 상처와 함께 저를 데려가고자 하시는 곳이 바로 그곳입니다.

그리고 항상 제 안에는 제 일부이자 저보다 더 큰 힘이 있습니다. 우주의 중심이자 모든 순간에 사랑이신 하느님께서 계십니다. 예수님은 우리가 부당한 대우나 고통, 심지어 죽임까지도 당하지 않을 것이라고 약속하지 않으셨습니다. 모든 일이 잘될 것이라고 말씀하지도 않으셨습니다. 예수님은 그 모든 순간에 우리와 함께하시며 우리를 일으켜 세우시겠다고 약속하셨습니다. 저는 그 힘에 의탁합니다. 그 힘을 신뢰하기로 선택합니다. 제가 할 수 있는 모든 것을 하지만, 저를 일으켜 세우는 힘은 제가 아님을 압니다.

무엇이 자신에게 힘을 주나요?

왜 우리는 평화롭게 쉬기만 하는가?

왜 평화롭게 살지는 않는가?

이번 전교생이 함께 드리는 미사는 2학년 학생들이 독서를 할 차례였습니다. 그런데 그중 한 학생이 전날 아파서 전례 연습에 빠졌습니다. 다음 날 선생님은 그 학생이 등교하자 독서를 할 수 있겠느냐고 물었습니다. 학생은 "네, 그럼요. 집에서 연습했어요."라고 대답했습니다. 선생님이 다시 "아니, 선생님 말은, 오늘 네 몸 상태가 괜찮냐는 뜻이란다."라고 말했습니다. 그러자 그 어린 학생이 이렇게 말했습니다. "아, 괜찮아요. 그냥 아침 멀미였거든요."

다행히 인생은 가끔 재미있습니다. 웃음은 때로 고통스러운 세상에서 제가 괜찮을 수 있도록 도와줍니다. 여러분에게는 무엇이 힘이 되나요?

기내에서 승무원들이 "기압이 내려가면 산소마스

크가 천장에서 내려옵니다."(이것이야말로 믿음에 관한 이야기죠)라고 안내하면서 돌봄이 필요한 누군가와 동행하는 경우에는 반드시 자신이 먼저 마스크를 착용할 것을 당부합니다. 저는 그 권고가 처음에는 잘 이해가 되지 않았습니다. 그런데 산소마스크를 쓰지 않으려는 아이를 돕다가 어른인 제가 정신을 잃으면 결국 둘 다 죽을 수 있다는 한 어머니의 지적을 듣고 나서야 그 권고 사항을 수긍할 수 있었습니다.

극한 위기 상황이나 시련에 직면했을 때 우리가 꼭 챙겨야 할 산소마스크는 네 가지입니다. 먼저 세 가지는 신체적인 것입니다. 수면과 운동과 영양입니다. 네 번째는 우리의 영혼을 살찌우고 정신이 숨 쉴 수 있게 도와주는 무언가를 매일 하는 것입니다. 물론 평소에도 생활의 일부처럼 이러한 노력을 꾸준히 유지하는 것이 중요합니다.

스트레스가 극심한 시기에는 단순하게 삶을 유지하는 것이 도움이 될 수 있습니다. 아버지가 돌아가셨던 밤, 누군가가 제게 그 점을 분명히 깨닫게 해 주었습니다. 지금의 저와 비슷한 연배셨던 아버지는 어머니와 함께 크리스마스트리를 사러 나갔다가 뇌동맥류로 쓰러지셨습니다. 그날 밤 아버지는 끝내 의식을 되찾지 못하고 돌아가셨습니다. 많은 사람들이 선의로 했던 말들은 대부분 별로 도움이 되지 않았습니다. 하지만 그 가운데 한 사람이 정말로 도움이 되는 말을 해 주었습니다. 그 사람이 제게 이렇게 말했습니다. "계속 숨을 쉬세요." 이따금 제가 할 수 있는 일은 그것이 전부라고 느껴졌습니다. 어쩌면 가장 힘든 순간에 할 수 있는 일이란 스스로에게 '계속 숨쉬기'를 상기시키는 것일지도 모릅니다.

다른 사람들이 주는 상처에 대응하기 곤란할 때 부정은 도움이 되지 않습니다. 난폭한 태도나 중독 행동은 상황을 더 악화시킬 뿐입니다. 그럴 때 우리는 산소마스크를 쓴 상태를 유지해야 합니다.

그리고 혹시라도 어둠 속에서 삶을 끝내는 방법을 고민하기 시작했다면 제발, 간절히 바라건대 믿고 의지하는 사람에게 전화를 하세요. 스스로 생을 마감하는 것은 끔찍한 결정입니다. 한시적인 문제에 대한 돌이킬 수 없는 해결책이기 때문입니다. 너무나 많은 사람들이 분노하고 상처를 받습니다. 안 됩니다. 홀로 힘겨운 싸움을 감당하지 않아도 됩니다. 도움을 받을 수 있습니다. 분명히 있어요. 그리고 계속 숨을 쉬세요.

어떤 트라우마를 안고 살아가든지 자신을 건강하고 살아 있게 해 주는 것들을 의도적으로 삶에 포함시키는 것은 중요합니다. 그렇다면 무엇이 자신에게 힘을 주나요? 그것을 의식하고 명명하는 것은 자기 자신에게 좋은 일입니다.

제 경우에는 자연 속에서 보내는 조용한 시간이 진정으로 치유가 됩니다. 독서에 많은 시간을 할애하는 사람도 있습니다. 우리가 스스로를 믿기 어려울 때 우리를 믿어 주고, 우리가 기도하기 힘들 때 우리를 위해 기도해 주는 신앙 공동체의 지원을 받는다는 것은 엄청난 선물입니다.

삶에서 믿을 만한 의논 상대자는 매우 중요합니다. 살다 보면 의지할 수 있는 사람들이 누구인지 알게 됩니다. 내 옆에서 함께해 주지 않을 사람들에게 화를 내며 연연하지 않는 대신, 내 곁을 지켜 줄 사람들에게 다가가는 법을 배웁니다.

그리고 가능한 한 우리를 웃게 하는 것들을 계속 찾아보는 것도 도움이 될 수 있습니다. 이런 말이 있습니다. "울어 본 적 없는 젊은이는 야만인이고, 웃으려 하지 않는 노인은 바보다."

최근 우리 성당에서는 내년도 학교 미사의 성가 계획을 세웠습니다. 작년에 사용한 모든 성가 곡들의 목록을 만들고 싶었습니다. 한 사람이 컴퓨터로 계획서를 한 페이지씩 넘기는 동안, 저는 각 노래 제목을 일일이 입력하는 대신에 스마트폰에 받아쓰기를 실행했습니다. 시리(Siri, 애플의 인공 지능 응용 프로그램)가 아름다운 노래 'The Lord is Kind and Merciful'(주님은 친절하고 자비하시다)의 제목을 적으면서 한 단어를 바꾸어 놓았습니다. 'and'를 'of'로 받아 적은 것입니다. 저는 그 새 제목을 보고 크게 웃었습니다. 'The Lord is Kind of Merciful'(주님은 어느 정도 자비로우시다)

다행히 주님은 '어느 정도'보다는 훨씬 더 자비로우십니다. 그리고 다행히도 인생은 종종 재미있습니다.

지금 이 순간을 사는 연습

우리에게 필요한 것은 오직 매 순간일 뿐,

그 이상은 없다.

마더 테레사

때는 1984년이었고, 그날 이후 제 안의 무언가가 영원히 변했습니다.

그날 제가 한 일이라고는 낡고 해진 축구화에 묻은 진흙을 털어 낸 것뿐이었습니다. 그 시절 저는 운동을 많이 했고, 막 교회 뒤편 운동장에서 혼자 몇 가지 훈련을 마친 참이었습니다. 저보다 잘하는 선수들이 많은 리그에 속해 있었기 때문에 경쟁력을 갖추기 위해 따로 훈련하곤 했습니다.

아름다운 10월 저녁, 축구화를 손에 들고 있던 제게 너무나 놀라운 일이 일어났습니다. 아무것도 없었습니다. 제 주변에 아무 일도 없었다는 뜻입니다. 하지만 제 안의 무엇이 완전히 변했습니다. 마치 한순간 깨어난 것 같았습니다. 갑자기 '지금 이 순간'에 온전히 존재하고 있었습니다. 고개를 들어 보니 아름다운 노을빛이 선명하게 보였습니다. 축구화에 묻은 진흙 냄새와 얼굴을 스치는 시원한 바람을 느꼈습니다. 그리고 앞으로 일어날 일이나 과거의 어떤 일을 떠올리기보다 바로 그 순간에 깨어 있었습니다. 30년도 더 지난 지금까지도 그 모든 기억이 제 감각 속에 생생하게 남아 있습니다.

제가 아일랜드 사람들이 말하는 '엷은 공간'(thin place)을 경험한 것이었습니다. 그것은 이 세상과 저세상 사이의 장막이 아주 얇은 곳이라는 뜻입니다. 보통 우리가 일상을 살면서 보는 것과 눈으로 볼 수 있는 것 너머의 삶을 가르는 무언가가 있는 것 같습니다. 그런데 그날 저녁에 저는 그 엷은 공간에서 깨어났습니다. 잠시지만 저는 다른 세상이 얼마나 가까이 있는지, 그리고 이미 이곳에서 그 세상과 얼마나 깊이 연결되어 있는지를 보았습니다.

저는 수년에 걸쳐 엷은 공간을 경험했습니다. 그리고 저는 마침내 깨닫게 되었습니다. 제가 마땅히 그래야 할 만큼 깨어 있는 삶을 살아간다면 저는 매 순간이 엷은 공간이라는 것을 알 수 있을 것입니다.

예수님은 이렇게 표현하십니다. “하느님의 나라가 가까이 있다.” 언젠가가 아니라 지금입니다. 저기 ‘어딘가’도 아닙니다. 하느님의 나라는 언제나 가까이에 있으며, 바로 지금, 정의롭고 사랑이 넘치는 선함 속에서, 우리 마음의 고요함 속에서 태어나기를 기다리고 있습니다.

힘든 시간 속에서도 마찬가지입니다. 여러분이나 제가 부당한 대우를 받거나 거짓의 대상이 되거나 배척을 당할 때도 우리가 보는 바로 그 너머에 놀라운 사랑이 있습니다. 우리 내면에서 온갖 감정이 소용돌이칠 때도 하느님의 도우심으로 잠시 깨어나 그 순간 우리에게 필요한 것이 있으며, 마음 깊은 곳에서는 우리가 안전하다는 것을 알 수 있습니다.

온 우주의 사랑이 매 순간 우리와 함께하므로 괴로움의 짐에 짓눌려 있을 이유가 없습니다.

축구화를 손에 든 채 몇 초가 지나간 일이 있고

몇 달 후, 저는 교도소에 수감된 십 대 소녀 한 명을 찾아갔습니다. 그녀는 우리 성당 청년부 모임 때 붙였던 포스터에 적힌 글을 가져다줄 수 있으면 좋겠다고 청했습니다. 그 글을 그녀는 교도소에 있는 동안 내내 간직했고, 그 이후로도 계속 가지고 다닌다고 했습니다. 포스터에는 이렇게 적혀 있었습니다.

나는 과거를 후회하면서
미래를 두려워하고 있었다.
갑자기 나의 하느님께서 말씀하셨다.
"내 이름은 '나는 있는 나(I AM)'이다."
하느님은 잠시 멈추셨다.
나는 기다렸다.
하느님께서 이어서 말씀하셨다.
"실수와 후회가 가득한 과거를 살아간다면
힘들 것이다. 나는 거기에 있지 않다.
내 이름은 '나는 있었다(I WAS)'가 아니다.
두려움과 어려움들을 떠올리며 미래를 살아간다면

힘들 것이다. 나는 거기에 있지 않다.

내 이름은 '나는 있을 것이다(I WILL BE)'가 아니다.

지금 이 순간을 살아간다면 힘들지 않을 것이다.

내가 여기에 있다.

내 이름은 '나는 있는 나(I AM)'이다."

교도소 감방조차 보는 사람에 따라서는 엷은 공간이 될 수 있습니다.

여러분이나 저는 어떤가요? 예수님께서는 우리가 후회나 분노로 과거를 살지 말고, 불안이나 두려움으로 미래를 살지 말며, 가까이 있는 하느님 나라를 깨어 살기 위해 계속 노력하라고 부르십니다.

하느님의 나라는 언제나 가까이에 있으며, 우리가 눈을 뜨고 깨어나 가장 진실된 것을 다시 보기를 기다리고 있습니다. 분노나 상심의 순간에도, 웃고 사랑할 때에도, 이리저리 쉴 새 없이 달릴 때나 축구화의 진흙을 닦아 낼 때도 하느님의 나라는 가까이 있습니다.

하느님께서 매 순간 모든 장소가 엷은 공간임을

점점 더 많이 깨닫게 되는 은총을 주시길 바랍니다. 지금 이 순간조차 말입니다.

너무 늦게 알아차리나?

모든 성인은 과거가 있고,

모든 죄인은 미래가 있다.

아마 『서부 전선 이상 없다』라는 고전을 읽어 보거나 들어 봤을 겁니다. 제 감상평이요? 이 책은 우리 모두에게 독특하고 중요한 시각을 제시합니다. 소설은 1차 세계 대전에 참전한 열아홉 살 독일 병사 파울의 경험을 따라갑니다. 어느 순간 겁에 질린 젊은 병사는 포탄 구덩이에 숨어 있었습니다. 그런데 적군 병사가 같은 구덩이로 숨어 들자, 파울은 본능적으로 단도를 꺼내 그를 찌릅니다. 그 적군 병사는 얼마 지나지 않아 죽습니다.

어쩔 줄 몰라 하던 파울은 병사의 주머니를 뒤져 그의 이름이 제라르 뒤발이라는 것, 인쇄공이고 한눈에도 가난한 것을 알 수 있었습니다. 추상적인 존재이던 적군이 이제 너무나 현실적으로 다가왔습니다. 그는 한 여자와 아이의 사진을 발견합니다. 마음에 동요가 인 그가 죽은 남자에게 말합니다. "이제야 처음으로 당신도 나와 같은 사람이라는 것을 알았어. 당신 아내와 당신 얼굴, 그리고 우리 사이에 동지 의식이 보여. 나를 용서하시게, 동지. 우린 항상 너무 늦게 알아차리지. 왜 그들은 당신도 우리처럼 가난하고, 당신 어머니도 우리 어머니처럼 애태우고 있고, 우리와 똑같이 죽음을 두려워하며 고통을 겪는다는 것을 말해 주지 않았을까? 용서해 주게."

그는 너무 늦게 깨달았습니다. 제라르도 그와 다를 바 없었습니다. 게다가 파울은, 제라르도 그랬듯이, 서로를 한 인격체가 아니라 오직 적으로만 바라보도록 교육받았습니다.

우리 역시 너무 늦게 깨달을 위험이 있습니다. 타인을 단지 통계 수치로, 심하면 적으로 여기기 쉽습니다. 서로 다른 점보다 닮은 점이 더 많다는 사실을 잊기 때문입니다. 타인의 잘못을 정당화하지 않는 것도 중요하지만, 이 세상의 모든 잘못이 '저 바깥에 있는' 사람들 때문이라고 생각하지 않는 것도 중요합니다.

이러한 '보지 못함'은 우리를 분열시키는 수많은 '주의(-ism)'를 허용합니다. 이 '보지 못함'이 홀로코스트와 같은 비극을 가능하게 했습니다. 바로 이 '보지 못함'이 우리가 용서라는 본질적인 일을 하지 못하게 막을 수도 있습니다.

제 영적 스승 중 한 분이자 아주 멋진 신부님이 고해성사에서 고백을 듣는 것의 유익함에 대해 이야기한 적이 있습니다. 그는 이렇게 말했습니다. "고해성사는 내가 바로 모든 사람이라는 것을 깨닫게 해 줍니다. 슬픔에 잠겨 나를 찾아오는 모든 사람의 죄 속에는 나의 일부분이 조금씩 담겨 있습니다." 개인적으로 저 또한 같은 이유로 고해성사에서 고백을 들으며 겸허한 마음이 들곤 합니다.

예수님께서 "네 이웃을 너 자신처럼 사랑해야 한다."고 말씀하신 것이 '너 자신만큼' 사랑하라는 의미가 아니라, '그들이 곧 우리 자신이기 때문에' 사랑하라는 의미였다면 어떨까요? 우리는 하느님 안에서 하나입니다. 예수님의 평생 사명은, 우리가 그것을 너무 늦게 깨닫지 않도록 돕기 위해 매 순간 당신이 할 수 있는 모든 것을 다하신 것이라고 설명할 수 있을 것입니다.

한번은 본당 피정을 마치며 주말 동안 받은 은총에 대해 한두 마디라도 나누어 주실 수 있는 분이 있는지 청했습니다. 한 남성이, 전직 농구 선수이자 현재 코치인 그가 이렇게 말했습니다. "저는 모든 사람의 얼굴 뒤에는 이야기가 있다는 것을 배웠습니다."

용서는 우리가 잘잘못을 가리는 사고력을 버린다는 의미가 아닙니다. 또 필요에 따라 거리를 두거나 경계를 세우는 일을 멈춘다는 뜻도 아닙니다. 다만 우리는 평소보다 훨씬 더 깊이 '이 일을 함께 겪고 있다'라는 것을 기억하라고 부르심을 받았을 뿐입니다.

다시 말해서 우리와는 너무나 다르다고 생각되는 사람들의 지갑 속에도 배우자와 아이들, 부모님의 사진들이 들어 있기는 마찬가지라는 것을 떠올릴 수 있을까요?

"하느님, 저희가 너무 늦게 깨닫지 않도록 도와주소서."

MRI 하는 법 배우기

가설은 어리석은 새들이

날아들다 부딪치는 닫힌 창문과 같고,

그 새들의 부서진 몸뚱이는

때늦게 수집된 증거이다.

브라이언 데이비스BRYAN DAVIS

저는 다양한 운동을 했고, 그 과정에서 가끔 다치기도 했었기 때문에 대다수의 사람들보다는 좀 더 여러 번 MRI 검사를 했습니다. MRI는 핵자기 공명 장치를 사용하는데, 강력한 자석이 달린 거대한 기계로 뇌와 신체의 비밀을 밝혀냅니다. MRI는 이전에 의사들이 환자를 외과적 수술로 절개해야만 볼 수 있었던 방식으로 사람의 내부를 보여 줍니다.

최근에 다른 MRI에 대해 들었습니다. 이 MRI도 사람의 내면을 보여 주지만, 의사나 숙련된 전문가만의 영역이 아닙니다. 팀 빌딩이나 리더십 연수 활동을 하는 이들에게 MRI는 '최대한 존중하는 해석'(Most Respectful Interpretation)의 약자를 의미합니다. 직장에서 누군가가 심술궂게 굴 때 그 사람을 적이나 끔찍한 사람으로 여기는 대신에 MRI는 최선의 해석을 제시하고, 어쩌면 그 사람의 삶에 무슨 일이 일어나고 있는지 알아내기 위한 대화를 시작할 수도 있습니다.

여러분은 마지막으로 MRI를 한 것이 언제였습니까? 분명히 예수님은 우리가 그런 시도를 해 주기를 기대하십니다.

누군가에게 MRI를 받지 못했을 때 얼마나 짜증스러운지 아마 다들 잘 알 겁니다. 한번은 토요일 오후 고해성사 시간이 되어 성당으로 가는데, 한 젊은이가 끽 소리를 내며 차를 세우더니, 뛰쳐나와 제 품에 안겨 흐느껴 울었습니다. 그는 바로 얼마 전에 여동생이 교통사고로 목숨을 잃었다고 했습니다. 저는 그와 이야기를 나누고 기도를 함께 바친 다음, 고해성사와 미사를 마치는 대로 다른 약속을 취소하고 그와 그의 가족 곁으로 달려가겠다고 했습니다.

그러고 나서 고해소에 도착했더니 5분이나 늦었습니다. 한 낯선 남성 신자가 저를 기다리고 있었습니다. 그는 과장되게 손목시계를 여러 번 툭툭 치며 "이

건 성사잖소." 하고 씩씩거렸습니다.

하느님의 은총으로 저는 가장 먼저 하고 싶었던 말을 하지 않을 수 있었습니다. 감사하게도 두 번째, 세 번째로 하고 싶었던 말도 하지 않았습니다. 그때를 떠올리면 아직도 가끔은 화가 치밀어 오르지만, 그날 저는 그가 제게 한 일을 다른 사람들에게 하지 않기로 재차 다짐했습니다.

예수님께서 제시하시는 비전은, 달성하기 어려워도, 첫째도 둘째도 셋째도 항상 자비이며, 항상 'MRI'로 시작하는 세상입니다. 예수님은 여러 번, 다양한 방식으로 "판단(심판)하지 말라."고 말씀하십니다.

네, 우리는 사람들의 행동을 판단할 수 있습니다. 비판적 사고 능력을 발휘해야 합니다. 사람들의 삶이 그 판단에 달려 있을 수 있습니다. 하지만 사람들의 마음에 관해서는 우리가 판단할 만큼 충분한 증거를 결코 가질 수 없다는 것, 진실은 종종 복잡하며 모든 사람이 상처를 안고 산다는 것을 기억해야 합니다.

나치즘을 거부했다는 이유로 처형된 디트리히 본

회퍼는 이렇게 말했습니다. "우리는 사람들이 어떤 행동을 했고 안 했고에 따라 그들을 평가하기보다는 그들이 겪는 고통에 따라 바라보는 법을 배워야 합니다."

저는 이 말을 떠올림으로써 사소한 일에 덜 상처받고, 순간적으로 화내는 일이 줄어들었습니다. 때로는, 적어도 내적으로는 제게 상처를 주거나 불쾌감을 준 바로 그 사람과 공감할 수 있습니다. 우리 모두 고통받고 있기 때문입니다.

우리가 분노로 대응하고 싶은 사람이 분명 있을 것입니다. 그들의 행동을 정당화하지 않으면서 그들에게 MRI를 시도하는 것은 우리에게 유익한 일입니다. 예수님의 본보기와 명령에 따라 우리는 기억하려고 애써야 합니다. 그 사람이 지금 엄청난 고통 속에 있을 가능성이 크다는 것, 우리는 그들의 사연을 알지 못하지만, 그 사연을 안다면 모든 것이 달라질 수 있다는 것을 기억하며 살아야겠습니다.

다른 종류의 선함

모든 것이 변했다, 완전히 변했다.

끔찍한 아름다움이 태어났다.

예이츠W. B. YEATS

미셸은 저희 본당에 새로 온 신자로, 생기가 넘쳤습니다. 그녀는 루푸스(낭창) 환자였고 간헐적 증상 악화로 고통받고 있었습니다. 스물네 살의 활기차고 운동을 좋아하던 이 젊은 여성은 허리의 염증을 완화하기 위해 수술을 받았습니다. 그런데 무언가 잘못되었고, 미셸은 영구 마비 상태로 수술실에서 나왔습니다. 그 소식은 참으로 충격적이었습니다. 본당 공동체는 그 모든 어려움 속에서도 온 힘을 다해 그녀를 사랑했습니다.

몇 달 후 미셸이 본당 피정에 함께했습니다. 피정을 마치며 참가자들은 다른 사람들과 나눔의 시간을 가졌습니다. 미셸이 마이크를 청했습니다. 휠체어에 앉은 미셸이 모두를 올려다보며 상냥하게 말했습니다. "여러분 모두에게서 발견한 사랑 안에서 저는 예수님과 함께 걷기 위해 꼭 두 다리가 필요한 것은 아니라는 것을 배웠습니다."

미셸은 위대한 진리를 깨달은 것입니다. 그녀는 자신에게 일어난 일로 정의되는 사람이 아니었습니다. 인생은 종종 불공평합니다. 때로는 삶이 너무 힘들어 앞으로 어떻게 계속 살아갈지, 혹은 왜 살아야 하는지조차 의문이 들 때가 있습니다. 하지만 우리 안에는 그 무엇도, 그 누구도 앗아 갈 수 없는 무언가가 있습니다. 인간 정신에는 우리가 겪은 고통을 통해 살아남을 힘뿐만 아니라 더욱 강해질 수 있는 힘이 있습니다.

미셸은 다시는 걷지도 스키를 탈 수도 없게 되었고 예전에 하던 많은 활동을 할 수 없게 되었으므로 가슴이 아팠습니다. 하지만 미셸은 자신이 겪은 고통을 통해 너무나 많은 것을 배웠고, 이제는 그 어느 때보다 더 살아 있음을 깊이 느끼며 무엇이 중요한지 더 잘 알게 되었다고 많은 사람에게 말했습니다.

우리 신앙은 사람들이 고통에서 벗어나거나 불공평한 대우로부터 보호받을 것이라고 말하지 않습니다.

삶에서 어떤 시련을 맞닥뜨리든지 우리는 온 우주의 사랑이 우리 곁에 여전히 머물러 있다는 것을 믿으라는 부르심을 받습니다! 우리가 절실히 필요로 하는 것은 언제나 우리 곁에 있습니다.

때로는 계획했던 삶을 포기해야 할 때 우리를 기다리고 있는 새로운 삶을 발견하게 된다고 합니다. 우리가 할 일은 하느님께서 우리 마음의 고통에서 탄생시키고자 하시는 새로운 삶에 순응하고, 하느님께서 우리를 새롭고 훨씬 더 깊은 삶으로 인도하실 수 있도록 우리 자신을 열어 드리는 것입니다.

세월이 흘러 저는 미셸과 함께했던 본당을 떠나게 되었고, 그녀를 다시 보지 못했습니다. 몇 년이 지나, 지역 라디오 방송 뉴스를 듣고 있었는데, 세인트루이스의 도로와 인도를 휠체어 이용자에게 좀 더 안전하게 만들도록 연석 경사로(curb-cuts) 설치를 요구하는 시위대에 대한 이야기였습니다.

문득 저는 인터뷰를 하고 있는 그 단체의 대변인이 제가 아는 사람이라는 사실을 깨달았습니다. 바로 미셸이었습니다. 미셸은 시 당국이 어떤 형태의 장애나 신체적 어려움을 가진 모든 사람을 위해 더 나은 접근성을 제공해 줄 것을 통찰력 있고 진심 어린 목소리로 호소했습니다. 그녀의 말을 들으며 저는 마음속 깊이 미소를 지으며 속으로 중얼거렸습니다. "정말 장하다, 미셸. 네 말이 맞았어. 예수님과 함께 걷는 데는 두 다리가 필요 없네."

나는 기쁨을 선택한다

아무런 기쁨이 없다면

당신의 신앙 어딘가에 구멍이 난 것입니다.

빌리 선데이BILLY SUNDAY

어느 금요일 오후, 저는 평생 잊지 못할 장면을 목격했습니다. 우리 학교 공동체가 흔히 '루게릭 병'으로 알려진 근위축성 측색 경화증(Amyotrophic lateral sclerosis, ALS)을 앓고 있는 조앤이라는 신자와 연대하기 위해 '아이스 버킷 챌린지'를 하러 모여 있었습니다. 우리는 함께 이 끔찍한 병과 싸우는 모든 이를 위해 기도했습니다. 이어서 선생님들과 교장 선생님, 주임 신부님의 머리 위로 양동이에 담긴 얼음물을 쏟을 차례였습니다. 그런데 그 모든 일에 앞서, 조앤이 마이크 앞으로 초대되었습니다. 조앤은 이미 목소리를 잃었기 때문에 태블릿을 마이크 가까이 대고 컴퓨터로 생성된 목소리로 우리 모두에게 아름다운 감사와 격려의 메시지를 전했습니다.

그녀의 메시지가 우리에게 울려 퍼지는 동안 저는 먼저 그녀의 눈을, 그다음에는 옆에 서 있는 그녀의 사랑하는 남편 톰의 눈을 바라보았습니다. 조앤의 눈에서 저는 평소에는 보지 못했던 어떤 연약함을 보았습니다. 조앤은 목소리를 잃은 것이 자신이 마주한 수많은 상실 중 하나에 불과하다는 것을 알고 있었습니다. 동시에 그 눈에서 "이 병은 나를 정의하지 못해."라고 말하는, 그녀의 단호하고 씩씩한 면모를 보았습니다. 언젠가 그녀가 큰 소리로 말했던 그 말이었습니다.

그녀의 남편 톰의 눈에서 저는 아내를 향한 극진한 헌신과 깊은 슬픔, 그리고 사랑의 대가를 보았습니다. 울음을 참기가 힘들었습니다. 저만 그런 것이 아니었습니다.

며칠 후 저는 조앤에게서 쪽지를 받았습니다. 그녀는 우리에게서 받은 지지에 감사하며, 자신이 어떻게 소소한 것들을 소중히 여기기로 선택했는지에 대해 이야기했습니다. 슬플 때면 더 이상 할 수 없는 일에 집중하는 대신에 여전히 할 수 있는 일에 집중하기로 했다고 말입니다.

그리고 그녀는 이렇게 말했습니다. "막내 손녀가 제 목소리를 영영 알지 못할 것이라는 사실이 너무 마음 아플 때 저는 그 아이에게 미소 짓고, 껴안고, 안아 줄 수 있음에 감사하기로 선택합니다. 지금은 그것으로 행복해야 합니다." 그리고 그녀는 덧붙였습니다. "지금 제 삶의 좌우명은 '오늘, 나는 기쁨을 선택한다.'입니다. 그것이 저를 행복하게 만듭니다. 저는 기쁨을 선택합니다."

우리는 어떤가요? 우리도 똑같은 선택을 할 자유가 있습니다. 혹은 하지 않을 자유도 있지요.

네, 고통은 우리 모두에게 찾아옵니다. 삶은 불공평하고 사람들은 못되게 굴 수 있으며, 가슴 아픈 일도 생길 것입니다. 사랑과 진실을 지키려고 노력하다 보면 대가도 치를 것입니다. 당연히 때때로 화가 나고 낙담도 할 것입니다. 우리는 두려움과 좌절감에 휩싸여 예수님께서 몸소 느끼셨던 모든 감정을 느끼게 될 것입니다.

하지만 결국 기쁨으로 가득 찬 삶은 선택의 문제

입니다. 우리는 기쁨을 선택할 것인가, 아닌가? 그 누구도 우리를 대신해 그 선택을 해 줄 수 없습니다.

또한 그것은 일회성 선택이 아닙니다. 기쁨을 선택하는 것은 가꾸어야 할 삶의 자세입니다. 불평 거리나 불행한 일은 찾으려고 들면 이미 널려 있습니다. 못마땅한 일은 항상 많습니다. 그런데 감사할 일을 찾으려고 마음먹으면 그것은 훨씬 더 많습니다. 정말입니다. 감사하지 않을 이유보다 감사할 이유가 믿을 수 없을 만큼 훨씬 더 많습니다. 하지만 그 사실에 집중하기로 선택해야만 합니다. 그렇지 않으면 아무것도 보이지 않을 것입니다. 감사할 일들은 찾으면 찾을수록 더 많이 발견하게 됩니다. 그것은 언제나 어디에나 있기 때문입니다.

하느님께서는 제가 기쁨과 희망이 가득하고 의미 있는 삶을 살기를 바라십니다. 그리고 하느님은 제가 아는 것보다 훨씬 다양한 방식으로 그렇게 되도록 도와주십니다. 하지만 하느님께서도 하실 수 없는 일이 있습니다. 결국 하느님도 저를 대신해서 선택하실 수는 없습니다.

제가 용서라는 어려운 일 대신에 증오로 삶을 낭비한다면 얼마나 큰 비극이겠습니까. 비통함 대신에 기쁨을, 증오 대신에 희망을, 분함 대신에 감사를 선택하려고 애쓰는 모든 순간이야말로 진정으로 죽음 대신 삶을 선택하는 것입니다. 저는 온 마음을 다해 그것이 가치 있는 일이라고 믿습니다.

관대한 마음으로 이 글을 읽어 주셔서 감사합니다. 비록 여러분이 누구인지는 모르지만, 마음 깊이 선함이 있다는 것을 압니다. 제가 여러분을 위해 기도할 것이므로 믿으셔도 좋습니다. 정말 그럴 겁니다. 그리고 부디 저를 위해서도 기도해 주시면 감사하겠습니다. 하느님의 도우심으로 우리가 감히 용서할 용기를 낼 수 있기를 바랍니다.

부록

아무도 나의 존엄성을 빼앗아 갈 수 없습니다

나는 차마 입 밖으로 꺼낼 수도 없는 끔찍한 생각을 한다. 그 생각들은 예수님조차 고양이 밥그릇에 담긴 독한 술을 바로 들이켜고 싶게 만들 정도이다.

앤 라모트ANNE LAMOTT

너무나 많은 사람들이 타인에게 신체적 또는 성적 학대를 당해 끔찍한 고통을 겪었습니다. 그 상처는 차마 헤아릴 수 없습니다. 하지만 인간의 정신에는 아무도 빼앗아 갈 수 없는 존엄성이 있습니다.

아래 기도는 어린아이의 기도처럼 운율이 있지만, 저는 이 기도를 모든 연령대의 사람들을 위해(그리고 어쩌면 학대에서 살아남은 모든 사람의 내면에 있는 어린아이를 위해) 바칩니다. 기도 제목은 '나에게는 위대한 가치와 선함이 있어요'입니다. 타인의 학대를 겪은 모든 분을 생각하며 가슴 깊이 아픔과 함께합니다. 또한 여러분에게 가해진 일로 인해 조금도 약해지지 않은 그 선함과 정신에 깊은 존경을 표합니다.

나에게는 위대한 가치와 선함이 있어요

학대 생존자의 기도

사랑하는 하느님, 누군가 부당한 일을 당했을 때
주님께서는 분명 무척 슬프시겠지요.
주님께서는 저희가 상처받거나
스스로 나쁘다고 생각하는 것을 결코 원치 않으시잖아요.

때로 마음이 뒤죽박죽인 것 같아요.
저는 아무 잘못도 하지 않았는데도,

저 자신을 탓하거나

제가 속할 곳이 없다고 생각하지 않도록 도와주세요.

하느님, 당신은 제가 소중하다고 여기시지요.

저는 언제나 당신의 마음속에 있으니까요.

무슨 말이 들리거나 어떤 일이 일어나도

하느님과 저는 결코 떨어지지 않잖아요.

제 안의 선함은

제가 당한 일 때문에 조금도 약해지지 않아요.

하느님, 저는 위대한 가치와 아름다움,

사랑스러운 존엄성이 있어요.

제가 다시 시작할 수 있게 도와주세요.

그리고 더 자유롭게 성장할 수 있도록 도와주세요.

제가 사랑받고 선한 존재라는 것을 알게 하시고

주님께서 저를 믿고 계심을 알도록 도와주세요.

당신은 죄보다 더 큰 존재입니다

안내에 따른 기도 체험

무슨 일을 하시든

하느님께서 가장 먼저 드러내시는 것은

언제나 자비입니다.

에크하르트ECKHART

제 형제 한 명이 가게에서 물건을 훔치다 잡힌 젊은이의 이야기를 해 준 적이 있습니다. 그 젊은이의 아버지는 보석금을 내기 위해 멀리까지 차를 몰고 갔습니다. 집으로 돌아오는 차 안은 조용했습니다. 마침내 아버지가 입을 열었습니다. "얘야, 앞으로 무언가가 너무 갖고 싶어서 다시 또 훔치고 싶거든, 엄마나 내게 알려 주렴.

우리가 더 오래 더 많이 일해서, 어떤 희생을 치러서라도 그것을 사 주마."

아버지는 아들을 부끄럽게 하는 대신에 아낌없이 자비와 친절을 베풀었습니다. 이 젊은이는 그 순간을 결코 잊지 못할 것입니다. 아버지는 그에게 하느님 마음의 본질인 자비와 친절을 엿보게 해 주었습니다.

그 자비와 친절은 우리 모두와 하느님의 모든 자녀를 위한 것입니다.

여러분과 저(그리고 하느님의 모든 백성)는 저마다 성인과 죄인이 뒤섞인 존재입니다. 그런데 어느 한쪽을 부정한다면 곤경에 처하게 됩니다. 우리는 때때로 죄의 실상과 그것이 세상에 미치는 해악과 결과를 보지 못할 때가 있습니다. 또 어떤 때에는 죄와 자기 자신을 지나치게 동일시하는 유혹에 빠집니다. 어쩌면 우리 주변에 과거의 실수를 결코 잊지 못하게 하는 사람들이 있을지도 모릅니다. 어떤 사람들은 최악의 순간이 우리를 규정하는 것처럼 행동합니다. 아닙니다. 여러분과 저는 죄보다 훨씬 더 큰 존재입니다.

자라면서 이런 말을 듣지 못했을지라도, 저는 하느님께서 당신에게 이렇게 말씀하시리라 확신합니다. "네 마음 깊은 곳은 선하단다. 너는 필요한 존재이며, 있는 그대로의 너 자신으로서 사랑받는단다. 내 마음 안에서, 너는 안전하다. 너는 너의 죄보다 더 큰 존재다."

좀 더 실감이 나도록 잠시 상상력을 발휘해 기도하는 시간을 가져 보시기 바랍니다. 다른 사람들보다 더 쉬운 사람도 있고 아닌 사람도 있겠지만, 여러분 모두 한 번 시도해 보시기를 권합니다.

기도할 때는 항상 편안하면서도 정신이 맑게 깨어 있을 수 있는 자세를 찾는 것이 좋다고 생각합니다. 지금 그 자세를 취해 보시기를 바랍니다. 제 제안에 얽매일 필요는 없습니다. 여러분의 상상력이 다른 곳으로 이끈다면 거기서 편안히 머무르십시오. 어느 순간 하느님께서 여러분을 위해 준비해 두셨을 듯한 말씀을 제가 제안해 드리겠습니다. 그 말씀을 통해 혹은 그 말씀과 상관없이 하느님께서 여러분에게 하시는 말씀에 귀를 기울여 보십시오. 배경 음악이 필요하거나 다른 누군가가 천천히 말씀을 읽어 주는 것이 도움이 된다면 그렇게 하시길 권합니다.

상상력을 이용해 기도할 때 먼저 심호흡을 몇 번 하는 것이 도움이 된다고도 합니다. 지금 바로 그렇게 해 보세요. 심호흡을 하면서 내 몸이 있다는 것, 살아 있다는 느낌, 나 자신이라는 것을 의식해 봅니다.

상상 속에서 과거나 현재, 스스로 그다지 자랑스럽게 여기지 않는 어떤 것을 떠올려 봅니다.

아마도 마음속 깊은 곳, 평소 생각의 수면 바로 아래에 스스로를 갉아먹는 자신과 과거에 대한 몇 가지 일이 있을 것입니다. 부끄러운 일일 수도 있고, 어쩌면 죄악감이 드는 습관이어서 수치심을 느낄 수도 있습니다. 진심으로 사랑하는 사람에게 상처를 준 일일 수도 있습니다. 여러 번 미안하다고 말했을 수도 있고, 반대로 아무한테도 말한 적이 없을지도 모릅니다.

꼭 최악의 일일 필요는 없습니다. 다만 여러분이 결코 하지 않았기를 바라는 무엇 또는 그러지 않았으면 하는 행동 방식이 있다면, 그것이 무엇이겠습니까?

두려움이나 수치심 없이, 그것이 무엇인지 스스로에게 말해 보십시오.

이제 자신이 원하는 방식으로 그것을 하느님께 가져가 보십시오. 몸짓, 말, 혹은 그저 의식하는 것으로 여러분이 미안하게 생각하는 무엇인가를 하느님께 털어놓습니다.

그렇게 하고 나서 준비가 되었을 때 하느님의 응답에 귀를 기울여 봅니다.

먼저 하느님께서 여러분의 이름을 부르시게 하십시오. 하느님께서 계속해서 말씀하십니다. "나는 너를 안다. 네가 누구인지, 어디에 있었는지, 무슨 일을 했는지 다 안다. 그리고 나는 너를 사랑한다. 너는 어떤 실수나 죄보다 훨씬 더 큰 존재다. 나는 네 마음 깊은 곳의 선함을 본다. 너에게는 나의 사랑을 멈추게 할 힘이 결코 없었다. 지금도 마찬가지다. 부디 이제 수치심 속에서 뒷걸음질치지 말고 앞으로 나아가라. 그저 가서 이 세상을 사랑하라. 나는 지금 너를 사랑하며… 영원히 너를 사랑할 것이다."

이제 다시 자신이 있는 장소를 의식합니다. 그렇게 하면서 하느님께서 당신과 함께 계신다는 느낌을 간직하려고 노력해 보십시오.

다시 말씀드리지만, 어떤 사람들은 다른 사람들보다 이런 방식으로 상상력을 사용하는 것이 더 쉽다고 생각합니다. 이 방법이 도움이 되었다면 좋겠습니다. 그렇지 않았거나 혹은 잠이 들었더라도 괜찮습니다. 우리가 우리의 죄보다 더 큰 존재라는 사실은 여전히 변함이 없습니다. 그리고 여러분과 제게는 우리를 향한 사랑으로 가득 찬, 진실로 결코 끝나지 않는 사랑의 하느님이 계십니다.

움켜쥔 손은 펼 수 있습니다
이제 내려놓음을 시작할 수 있습니다

기도 가이드

가능하다면 언제나 친절하십시오.

그것은 언제나 가능합니다.

달라이 라마DALAI LAMA

몇 년 전, 한 남자가 세 자녀와 함께 겪었던 흥미로운 경험을 이야기해 주었습니다. 아이들은 어느 날 밤 꽤 심하게 다투었습니다. 그들은 새벽 2시에 거센 폭풍과 토네이도 경보 사이렌 소리에 잠에서 깨어났습니다. 아버지는 위층으로 달려갔지만 아이들이 보이지 않아 소리쳤습니다. "애들아, 어디 있니?" 작은 목소리가 대답했습니다. "우리 다 같이 벽장 안에서 서로를 용서하고 있어요."

이 책의 앞부분에서 설명한 모든 이유로, 우리가 죽을까 봐 두려워하기 전에 용서하는 일을 선택하는 것은 지혜로운 일입니다.

다른 사람의 나쁜 행동을 정당화하려는 것은 아니지만, 왜 우리 자신이 괴로움에 빠지도록 내버려 둘까요? 마음에 증오를 품고 사는 것이 무슨 소용이 있겠습니까? 용서는 어렵지만, 우리 혼자서 그 모든 것을 할 필요는 없습니다. 상처를 입더라도 우리에게 주어진 날들 속에서 삶의 선함과 아름다움을 계속해서 누릴 방법은 있습니다.

어쩌면 기도를 변형한 이 소박한 활동이 도움이 될 수 있을 것입니다.

앞서 안내해 드린 기도 체험처럼 편안하면서도 깨어 있을 수 있는 자기만의 자세를 찾으시길 권합니다. 이 명상에서는 하느님과 나눌 수 있는 대화나 여러분이 이끌리는 곳으로 나아가기 위한 출발점으로 삼을 만한 대화를 제안해 드릴 것입니다. 배경 음악을 틀어 놓거나 다른 사람이 천천히 이 글을 낭독하는 것을 듣는 것이 도움이 된다면 그렇게 하십시오.

먼저 심호흡을 몇 번 하시기 바랍니다. 숨을 깊이 들이쉬고 내쉬면서 자신의 몸을 의식하고… 살아 있음을 느끼며… 바로 나 자신임을 의식해 봅니다.

상상 속에서 지금도 생각하면 화가 나는 어떤 일을 떠올려 봅니다. 어떤 식으로 부당한 대우를 받았나요? 반드시 최악의 일일 필요는 없습니다. 요즘 자신의 내면 어디에서 분노를 발견하나요?

상상 속에서 시간을 갖고 그것을 하느님께 가져갈 준비를 합니다. 하느님께 무엇을 말씀드리고 싶은가요?

이제 말이나 무언의 표현으로 이 상처에 대해 자신의 마음에 있는 것을 하느님께 말씀드리십시오.

그렇게 하고 나서, 하느님과 다음 대화를 나누는 것을 상상해 볼 수 있습니다.

나 너무 불공평했어요, 하느님.

하느님 그렇구나.

나 하느님, 제게 일어났던 일은 괜찮지 않았어요.

하느님 그래, 괜찮지 않았단다. 네가 그런 고통을 겪었다는 사실이 내 마음을 아프게 하는구나.

나 우리는 용서하라는 부르심을 받은 것을 알지만, 잘 모르겠어요. 너무 어려워요, 하느님.

하느님 이해한단다.

(잠시 멈춤)

하느님 그것을 내려놓고 싶니?

나 그러고 싶은 마음도 있고, 그렇지 않은 마음도 있어요.

(침묵)

나	이걸 할 수 있을지 모르겠어요.
하느님	너 혼자 할 필요는 없단다.
	(침묵)
하느님	그것을 나에게 줄 수 있단다. 내가 그것을 함께 들어 주면 좋겠니?
	(침묵)
하느님	네가 무엇을 하고 싶은지 결정하렴. 나는 기다리마.
	(침묵)
나	여기요, 하느님, 여기 있어요. 제가 할 수 있는 최선을 다해, 당신께 드립니다.
하느님	나도 이것을 함께 들겠다. 다시 아프기 시작하면, 새롭게 나에게 맡기렴.
나	노력해 볼게요.
하느님	내가 너를 돕기 위해 너와 함께 가겠다. 언제나, 언제나, 언제나 내가 너와 함께 있을 것이다.

준비가 되면 다시 자신이 있는 장소를 의식하고, 그렇게 하면서 하느님의 현존을 계속 느껴 보도록 노력합니다.

물론 어떤 사람들은 다른 사람들보다 이렇게 상상력을 사용하는 것이 더 쉬울 수 있습니다. 이 방법이 도움이 되었으면 좋겠습니다. 하지만 그렇지 못하더라도 괜찮습니다. 여러분과 제가 상처를 내려놓는 일을 온전히 혼자 할 필요가 없다는 사실은 여전히 변함없는 진실입니다. 우리에겐 우리와 함께 가시겠다고 약속하신 하느님, 우리와 함께 그리고 우리를 위해 그 짐을 져 주실 하느님이 계십니다. 하느님의 도움으로 우리는 상처와 분노를 움켜쥔 손을 조금은 펼 수 있습니다.

우리는 함께입니다

가족, 친구, 동료들을 위한 기도 예식

세상의 온갖 어둠도

단 하나의 촛불을 끄지 못합니다.

어느 날 복도에서 교장 선생님의 부름을 받은 1학년 담임 선생님이 새로 자신의 반으로 전학 온 학생을 만났습니다. 그 어린 소년은 팔이 하나뿐인 채로 태어났습니다. 선생님은 아이들이 때로는 매우 직설적일 수 있다는 것을 알았기에 다른 학생 중 누군가가 그 소년을 당황하게 할 만한 말을 할까 봐 걱정되었습니다. 선생님은 학생들에게 우리의 겉모습이 모두 다른 것은 좋은 일이며, 내면적으로는 비슷한 점이 훨씬 더 많다는 것을 상기시켜 줄 만한 시간이 있으면 좋겠다고 생각했습니다. 우리 한 사람 한 사람이 하느님의 특별한 자녀라는 사실을 말입니다. 하지만 그럴 시간이 없었습니다. 그래서 선생님은 그저 모든 일이 잘 풀리기를 속으로 기도했고, 실제로 그렇게 되었습니다.

여러분도 알고 있을지 모르는 오래된 동요가 있습니다. “여기 교회가 있고, 여기 종탑이 있고, 문을 열면 여기 모든 사람이 있네.”라고 단어를 말하며 두 손으로 제스처를 취하는 것입니다. 선생님은 하루를 마무리하기 위해 그 동요를 부르기로 했습니다. 하지만 시작하자마자, 자신이 그 어린 소년을 난처한 상황에 빠뜨렸다는 것을 깨달았습니다. 그런데 선생님이 고개를 들자 바로 옆줄에 앉아 있던 어린 소녀가 손을 내밀며 이렇게 말했습니다. “자, 우리 함께 교회를 만들자.” 그리고 소녀는 자신의 손을 소년의 손에 포갰고, 둘은 함께 바로 교회를 만들었습니다.

우리는 모두 그 아이들과 같습니다. 우리는 각자 무언가를 줄 수 있고 우리는 모두 불완전합니다. 우리는 함께 교회를 만듭니다.

이 작은 기도 예식은 가족, 친구, 신앙 나눔 모임의 구성원, 또는 나란히 함께 일하도록 부름받은 이들에게 도움이 될 수 있습니다. 가깝게 지내거나 함께 일하다 보면 때때로 서로의 신경을 건드리거나 상처를 주는 경우가 생기기 때문입니다. 용서는 우리가 서로에게 되어야 할 존재가 되도록 돕습니다.

> 불을 붙이지 않은 초나 다른 상징물 주위로 가족이나 친구들이 모입니다. 인도자 역할을 맡은 사람은 직접 기도문을 작성하거나 다음과 비슷한 내용을 말합니다.

자비로우신 하느님,

저희는 당신을 필요로 하는 죄인입니다.

당신의 위대한 사랑은

저희의 어둠 속에서 빛으로 빛나십니다.

(초를 사용한다면 지금 촛불을 켭니다)

참가자들은 한 사람씩 다음 기도문을 읽습니다.

- 이 세상의 어둠을 당신 평화의 빛으로 채워 주소서.
- 저희 가정의 어둠을 용서의 빛으로 채워 주소서.
- 저희 마음의 어둠을 당신 사랑의 빛으로 채워 주소서.

그다음에는 사람들에게 초를 하나씩 개별적으로 전달합니다. 초를 들고 다음과 같이 말하며 다른 사람에게 용서를 구합니다.

제가 ＿＿＿＿＿＿＿＿한 것에 대해 미안합니다.

(전반적인 사항 또는 구체적인 예를 제시합니다)

그리고 / 또는

당신이 마땅히 받아야 할 만큼 사랑하지 못해서 미안합니다.

모든 사람이 자기 차례를 마친 후에는 누구든 덧붙여 말하고 싶은 것이 있다면 말할 수 있는 시간을 가집니다. 그런 다음 모두 손을 잡고 함께 주님의 기도를 바칩니다. 마지막으로, 인도자는 모든 이들에게 평화의 인사를 나누도록 초대합니다.

꼭 용서를 해야 하나요? 어떻게 용서해요?

어린이를 위한 생각

무엇이든 될 수 있는 세상이라면

친절한 사람이 되세요.

에타 터너ETTA TURNER

용서에 대한 질문으로 씨름하는 것은 어른들만이 아닙니다. 'Living Faith KIDS'라는 멋진 어린이 소책자가 있습니다. 분기마다 저는 'Ask Fr. Joe'(조 신부에게 물어보세요)라는 짧은 칼럼을 쓰고 있는데, 거기서 아이들의 질문에 답해 주고 있습니다. 아래는 아이들의 질문 두 가지와 제 답변입니다. 하느님의 도우심으로 우리 자녀들에게 용서라는 중요한 일을 격려하고 또 본보기가 될 수 있기를 바랍니다.

조 신부님께

원수들을 꼭(HAVE TO) 용서해야 하나요?

잭슨

사랑하는 잭슨에게

분명히 말해, 그 누구도 그 무엇도 네가 용서하도록 강요할 수는 없단다. 그러니 질문에 답하자면, 아니, 꼭(HAVE TO) 용서해야 하는 건 아니란다. 하지만 신부님은 다른 질문이 있단다. 어쩌면 용서가 그럴 만한 가치가 있을지도 모른다는 생각에 마음이 열려 있니?

그 질문에 답하기 전에 용서라는 것이 누군가가 못되게 굴거나 미워하거나 부당하게 행동한 것이 괜찮다고 말하는 게 아니라는(NOT) 점을 먼저 이해해 주렴. 그리고 누구든 너에게 계속 상처를 주도록 내버려두지 말려무나. 안전을 지키며 네가 할 수 있는 일을 하렴.

물론 우리가 상처를 받은 후에는 분노를 떨쳐내기가 쉽지 않지. 용서하려고 노력할 만큼 용감해지기는 힘들거든. 하지만 우리가 그 일을 하지 않으면 알게 모르게 우리 안의 무언가가 생명력을 잃고 만단다.

누군가가 우리를 아무리 나쁘게 대해도 거기에 우리까지 똑같이 반응해 미움을 품는 사람이 되지 않는 것이 정말 중요하단다. 못되게 구는 것은 결코 가치 있는 일이 아니란다.

대신에 잭슨, 신부님은 네가 사랑과 진실함을 지킬 수 있는 너의 힘을 포기하지 않기를 기도한단다. 인류 역사상 가장 훌륭한 분이신 예수님을 생각해 보렴. 사람들은 예수님에 대해 거짓 증언을 하고, 그분에게 상처를 주고, 심지어 그분을 죽이기까지 했지. 하지만 예수님은 거기에 대해 결코 못되게 행동하지 않으셨단다. 예수님은 그 모든 것에도 불구하고 역사상 가장 훌륭하고 가장 사랑이 많으신 분으로 남으셨어. 예수님은 자신을 해친 사람들을 용서하셨고, 생명력이 넘치는 자유롭고 진정 행복한 분이셨단다!

그러니 '원수들을 꼭 용서해야 하나요?'라는 질문에 대한 답은 '상황에 따라 다르겠지.'란다. 그건 네가 예수님처럼 진정으로 행복해지고 싶은지 아닌지에 따라 달라질 테니까

그리스도 안에서, 조 신부

조 신부님께

술 취한 운전자가 사촌 형제를 죽였어요.

그 사람을 어떻게 용서해야 하나요?

토마스

사랑하는 토마스에게

토마스, 우선 너와 가족들의 비통한 마음에 깊은 위로를 전한다. 그 뜻밖의 죽음이 정말이지 안타깝구나.

술에 취해 사촌 형제를 죽인 운전자를 어떻게 용서해야 하냐고 물었지? 먼저 용서라는 것이 아무 잘못도 없었던 것처럼 행동하는 것은 아니라는 점을 알아두렴. 누구든 술에 취한 채 운전하는 것은 잘못된 일이란다.

하지만 용서하려고 노력하는 것은 현명한 일이야. 그렇지 않으면 그 음주 운전자가 또 다른 피해자인 너를 탓하게 될 거야. 우리가 원한을 품으면 우리 안의 무언가가 죽는단다. 용서하지 않는 것은 쥐약을 마시고 쥐가 죽기를 기다리는 것과 같아. 쥐는 어떤 식으로든 고통받을 수도 있고 그렇지 않을 수도 있겠지. 하지만 확실한 건 우리가 고통받게 된다는 것이란다. 우선 복수부터 하면 일이 더 쉬워질 거라고 생각할 수도 있어. 하지만 그렇지 않단다. 복수에는 생명이 없단다.

대부분의 우리는 용서의 3단계 과정을 거친단다.

첫째, 우리는 용서하고 복수하고 싶은 마음을 내려놓기로 자유롭게 선택한다.

둘째, 하느님께 그것을 내려놓을 수 있도록 도움을 청한다.

셋째, 분노와 상처는 다시 돌아오는 것이므로 첫째와 둘째 단계를 반복한다.

이것은 정말 중요한 일이란다. 용서는 복음의 핵심이야. 그리고 진정으로 거룩하고 행복한 삶의 핵심이란다. 너와 가족들을 기억하며 기도하마.

그리스도 안에서, 조 신부